사장
하자

사장 하자

서경석 지음

버튼북스

프롤로그
그 힘든 '글쓰기'를 다시 시작할 수 있었던 이유　　　　　　　　　　7

PART 1
남들과
달라야
한다

영업의 신神	김병기 아이원스	14
청출어람 청어람	이창희 진코퍼레이션	30
계단 끝까지 뛰어올라라	안성주 엠엔지이엔티	46

PART 2
잘할 수
있는 것만
하라

화장품만 25년	권오섭 엘앤피코스메틱	62
세상 모든 것을 디자인하라	박준완 아르스앤	78
트렌드 없는 것이 트렌드	이종린 메디슨브랜드	94

CONTENTS

PART 3
세상의 편견을 깨야 할 때

여자라서 좋다	강혜근 코베아	112
젊은 사장	김준홍 미래컴퍼니	128
아버지의 밥상에 숟가락만 얹기는 싫었다	김재우 지엠씨	146

PART 4
끝까지 살아남아야 한다

세 번째 사는 인생	오석송 메타바이오메드	162
꿈을 현실로 이룰 수 있을까	박승민 소닉티어	180
위기는 곧 기회다	민동욱 엠씨넥스	194

PART 5
결국은 경쟁력이다

녹색 반지의 사나이	김상국 비타민하우스	212
1미크론의 오차도 허용하지 않는다	한복우 제너셈	228
나는 짬뽕보다 짜장이 좋다	이연복 목란	242

에필로그
쉽지 않은 길을 선택한 당신의 용기에 파이팅! 261

프롤로그

그 힘든 '글쓰기'를
다시 시작할 수 있었던 이유

    취업난은 갈수록 심각해지고 경기는 좋아질 기미가 보이지 않으면서 경제 관련 프로그램들이 적잖이 제작되었다. 우연한 기회에 참여하게 된 경제 프로그램들을 통해 전에는 인연을 맺기 쉽지 않았던 많은 사장들과 그들이 이끌어가고 있는 회사를 접하게 되었다.
    그리고 나는 새로운 사실을 깨달았다.
    방송에 소개되는 사장들이라고 해서 그들에게만 사업하기에 좋은 환경과 상황이 주어졌을 리는 없었을 것이다. 그런데도 그들이 이끌어가고 있는 기업들은 달랐다. 사업하기에 최적의 상황이 아니었음에도 불구하고 그들의 회사는 다른 과정과 결과를 보여주고 있었던 것이다. 그들을 통해 사업의 성공에 있어 가장 중요한 것은 '누가', '어떻게' 이 두 가지라는 사실을 깨닫게 된 것이다.
    경제 프로그램의 특성상 굵직한 이야기들 위주로 구성될 수밖에 없다보니 주로 기술과 외형 관련 내용이 많았다. 물론 군데군데 사람의 이야기가 섞였지만 나로서는 아쉬움이 남을 수밖에 없었다.

이렇게 힘든 때에도 끄떡없이 회사를 이끌어가고 있는 사장들의 이야기를 좀 더 자세히 듣고 싶었다. 그들은 무슨 생각을 하고 있을까. 그들은 어떻게 일하는가. 기사나 영상을 통해서가 아닌 그들에게 직접 듣고 싶었다. 그리고 그들의 이야기에 내 느낌과 생각을 더해 많은 사람들에게 알리고 싶었다. 이제 다시는 그 힘든 '글쓰기'는 하지 않겠다는 마음속 결심을 꺾게 된 것이다.

남들보다 늦게 군대를 다녀온 후 군 시절 일기를 엮어 책을 썼었다. 〈진짜 사나이〉라는 프로그램이 끝난 후 인생에서 중요한 결정을 해야 할 후배들에게 도움을 주고자 하는 마음으로 책을 쓰기도 했다. 수험생들에게 공부하는 법을 알려주기 위한 공부법 책 작업도 했었다.

이런 경험을 통해 세상에서 가장 힘든 일 중의 하나가 글쓰기라는 것을 누구보다 잘 알고 있었기 때문에 또 한 번 책을 내기로 결정하기란 쉽지 않았다. 하지만 이번 책은 온전히 내 이야길 쓰는 것이 아니라 홀

훌한 사장님들의 이야기를 전하는 것이니 적어도 내용을 구성하는 데 있어서는 전보다 훨씬 수월할 거라 생각했다. 또한 그들과의 인터뷰를 통해 많은 것을 배우게 될 것이라는 기대가 겹쳐지면서 글쓰기의 고통에 대한 두려움이 스르르 고개를 숙이게 된 것이다.

프로그램으로 인연을 맺은 사장님들과 평소 존경하던 사장님들 중에서 스무 분 정도를 만나보겠다는 계획은 열 번째 사장님의 인터뷰가 끝났을 때 바뀌었다. 처음 계획의 절반인 열 분밖에 안 만났는데도 책에 소개할 내용이 넘쳐났다. 모두가 하나같이 드라마 같은 삶을 살아온 분들이었다. 맘만 먹으면 두세 분의 이야기만으로도 한 권의 책을 충분히 만들 수 있을 정도였다. 게다가 인터뷰 사이사이 초고를 작성하는 과정에서 나의 예상이 완전히 빗나갔음을 절감했다. 방대한 인터뷰 내용을 잘 추려서 재구성하는 과정이 이렇게 어려울 줄을 나는 미처 몰랐다.

분 단위로 시간을 쪼개어 살고 있는 바쁜 사장들과의 인터뷰 일정을 잡는 어려움, 간단하지 않은 그분들 삶의 이야기를 정리하는 작업의 고통 등 여러 가지 예측 못한 변수들이 발생했지만 그래도 작업을 이어 갈 수 있었던 것은 한 분 한 분 만날 때마다 내 자신이 풍성해지는 느낌 때문이었다. 이것이야말로 기획 단계에서의 나의 예측이 정확히 들어맞은 부분이다. 그들의 삶의 과정이 내게로 전이되는 그 순간을 어떻게 설명해야 할까. 그들의 이야기를 독자에게 최대한 잘 전달해야겠다는 사명감에 머리끝이 쭈뼛 서기 시작했던 것이다.

어릴 적 아버지의 사업 실패 경험 후, 막연히 사업가의 꿈이 마음속에 있어서인지 방송활동을 하면서도 꾸준히 사업을 병행해왔다. 9년째 운영 중인 스크린 골프장, 작년에 문을 연 짬뽕 전문점과 카페에서 함께 일하고 있는 식구들을 합하면 스무 명이 넘는다. 이 책에 소개된 열다섯 명 사장들의 사업과 비교하면 적은 식구들과 함께하는 작은 일에 불과하지만 〈사장하자〉 주인공들을 만나고 난 후 나의 사업에도 변화가 생기고 있음을 스스로 느낀다. 함께 일하는 그들을 바라보는 나의 시선이 변했고, 언제 닥칠지 모르는 위기에 어떻게 대처해야 할지 나름의 계획이 섰으며, 불경기와 비수기 등의 핑계를 대는 것이 얼마나 무책임한 태도인지 알게 되었다.

내 이야기를 쓰는 것만큼이나 힘들었던 작업이었지만 그 어려움을 이겨낼 수 있었던 수많은 놀라움, 깨달음, 반성의 시간을 부디 많은 분들이 나처럼 경험할 수 있기를 바란다.

PART 1

남들과
달라야
한다

영업의 신神

김병기

아이원스

'어떻게 하면 내 명함을 전달하고
나의 좋은 인상을 심어줄 수 있을까.
그리고 상대의 명함 또한 받을 수 있을까.'
고민이 깊어졌다.

그런데 다음 날 '김병기'라는 이름이 박힌 명함은
거래처 직원 30명에게 전달되었다.
그다음 날은 소문이 났는지 일부러 그를 찾아
명함을 받으러 온 사람이 있을 정도였다.
게다가 모두들 재미있어하며 그의 명함을 받아갔고,
둘 중 한 명은 자신의 명함을
그 자리에서 바로 건네주기도 했다.

그의 명함이 이렇게 인기를 얻은
이유는 무엇이었을까?
상대방에게 명함 하나로 인해 즐거움을
선사할 수 있었던 비결은 무엇이었을까?
그것은 바로 그의 기막힌 아이디어 때문이었다.

영업의 신神
김 병 기

20대 초반 대학생 시절, 만만치 않은 학비와 생활비를 벌기 위해 시작한 어묵 회사의 영업 아르바이트. 그가 했던 일은 경기도 지역에 위치한 작은 영업소에서 본사의 물건을 주변의 중소형 어묵 취급점들에게 납품하고 관리하는 일이었다.

처음 며칠 동안은 일을 익히는 기간이었다. 선배인 관리자와 함께 일을 하는데, 반품이 무려 20~30% 정도나 되는 것이 아닌가. 그는 이유를 알고 싶어, "선배님, 반품이 왜 이렇게 많은 겁니까?" 하고 물으니 "원래 그래, 별다른 방법이 없어."라는 선배의 대답에 좀처럼 납득이 되지 않았다.

그저 기계처럼 납품과 반품을 반복하는 기존의 방식에 의문을 품게 되었고, 비록 아르바이트생에 불과하지만 자신이 무언가 바꿔보겠다고 결심했다. 아르바이트 대학생이었던 그가 일을 시작한 지 일주일 정도 되었을 때부터는 선배 없이 혼자 업무를 볼 수 있게 되었다.

그날부터 그는 매일 아침 물건을 납품하고나면 저녁 늦게 현장에 나가 남아 있는 제품의 숫자를 철저히 파악했다. 다음 날 납품할 제품 수량을 결정하기 위해서였다. 뿐만 아니라, 업장 주변의 환경적 요인도 구체적으로 파악했다. 인근 구매 고객들의 생활 수준은 물론이고 연령대, 심지어 다음 날 날씨까지 철저히 조사해서 주문할 때 참고 자료로 활용했다.

생활 수준을 고려한 구역별 주력 상품들을 정하여 그 비율을 조절하고 주말에는 반찬용 어묵, 비가 예보되는 날에는 찌개용 어묵의 양을 늘리고 수시로 매장을 돌며 손님들이 물건을 고르다가 흐트러진 제품들을 깔끔하게 재배치하는 노력도 게을리하지 않았다. 결과는 놀라울 정도였다. 몇 개월 만에 20~30%에 이르던 반품률이 1퍼센트대까지 떨어지게 된 것이다.

이 사실은 회사에까지 알려지게 되었다. 아르바이트 대학생에 불과한 그의 독특한 사고와 업무 태도가 회사에 엄청난 이익을 만들어낸 것이다. 회사는 그에게 정직원 근무를 제안하게 된다.

사원이든 대리든 팀장이든 한 사람 한 사람의 중요성은 이처럼 대단하다. 사장처럼 생각하고 사장처럼 일하는 사람. 대기업이든 중소기업이든 회사를 살리는 사람은 바로 이런 사람이다.

유통의 한계
앞으로는 제조업을 하겠다

기본급에 영업수당까지 더해져 적지 않은 돈을 모으게 된 그에게 드디어 자기 사업을 할 수 있는 기회가 생겼다. 경기 지역 고속도로 휴게소 열 곳의 영업권이 시장에 나왔다는 소식을 듣게 된 것이다.

그는 무작정 식품 회사 사장에게 달려갔다. 하지만 현실의 벽은 너무나 높았다. 대부분의 후보들이 50대 중·후반의 경험 있는 사업가들이었고, 보유 자금 또한 그가 지닌 것과는 현격한 차이가 있었다. 그러나 그는 포기하지 않았다. 식품 회사 사장의 집 앞에 텐트를 치고 5일 동안 아침저녁으로 매달린 결과, 다음과 같은 답을 듣는다.

"이제 그만 텐트 접고, 내일 사무실로 와봐요. 이야기 좀 나눠봅시다."

결국 그는 고속도로 휴게소 열 곳의 영업권을 가진 사장이 되었다. 젊은 사장답게 열정과 패기로 사업을 끌어나갔지만 1년 조금 넘게 운영을 하고 사업을 정리하기로 한다. 기본적으로 경쟁이 치열한 분야인 데다가, IMF로 갑자기 경제 상황이 위축되었다. 즉석 제조 음식이 많다보니 위생, 청결과 관련한 사고들을 제어하는 일 또한 생각보다 쉽지 않았다. 크게 손해를 본 건 아니었지만, 그렇다고 이익을 얻지도 못했다.

이렇게 해서 김병기 사장의 생애 첫 번째 사업은 1년여 만에 막을 내린다. 이 과정을 통해 그는 큰 깨달음을 얻게 되었고, 마침내 그의 사업

인생 전체를 지배하게 될 중요한 가치로 삼게 되었다.

'유통에는 한계가 있다. 제조를 하자. 다음에 사업을 할 때에는 무조건 제조다.'

3개월의 법칙
적어도 3개월은 미쳐보자

생애 첫 번째 사업을 통해 중요한 깨달음을 얻은 그는 본격적인 사업 시작의 시기를 늦추고 인터넷 기업에 입사한다. 당시 그의 컴퓨터 실력은 한메타자 200타가 전부였다. 그나마 그것도 급하게 연습하여 얻어낸 성과였다.

그는 사원으로 입사하자마자 선배로부터 기획안을 제출하라는 지시를 받게 되었다. '내용만 훌륭하면 되겠지' 하는 마음으로 자료를 열심히, 정말 열심히 만들어 제출했다. 그 흔한 표나 그래프, 그림 등은 전혀 담기지 않은, 그야말로 내용만 충실히 담겨 있는 기획안이었다. 돌아온 선배의 답은 다음과 같이 싸늘했다.

"세상 참 좋아졌다. 요즘은 너 같은 애들도 우리 회사가 받아주는가 보다."

창피하기도 하고, 오기도 생긴 그는 바로 그 자리에서 선배에게 부탁했다.

"한 달만 시간을 주십시오. 그때도 제 실력에 변화가 없으면 회사를 그만두겠습니다."

그렇게 말하고 한 달간, 그는 집에 들어가지 않았다. 업무 외의 남는 시간 전부를 컴퓨터 공부에 투자했고, 결국 한 달 만에 엑셀, 포토샵, 일러스트레이터 등 컴퓨터의 기본을 모두 습득했다. 한 달 후 그가 제출한 기획안을 본 선배는 너무 놀라워하며, 돈 주고 어딘가에 기획안 디자인을 의뢰한 것이 아닌지 의심을 할 정도였다.

평사원으로 입사한 그가 기획실장까지 승진하는 데에는 그다지 긴 시간이 걸리지 않았다. 그리고 회사가 다른 기업에 매각될 때, 창업주는 그에게 함께 새로운 투자회사를 꾸려갈 것을 제안했다.

어떤 일에 익숙해지기 위한 원칙으로 보통 '만 시간의 법칙'을 예로 들곤 한다. 하루 3시간, 일주일 20시간, 10년을 투자하여 한 가지 일에 매달리면 만 시간이 된다. 이렇게 만 시간을 들여 일을 하면 그 분야의 일인자가 될 수 있다는 것이다.

김병기 사장은 '3개월의 법칙'을 주장한다. 어떤 일에 매력을 느끼고 그 일을 제대로 해볼 건지 아닌지를 판단하는 데는 최소한 3개월이 필요하다는 것이다. 단, 그 3개월 동안은 그 일에 진정으로 '미쳐야' 한다는 것이다.

다이어트를 해서 배에 왕王 자를 새기는 데에도 3개월간 혼신의 힘을 다하면 가능하고, 외국어를 배우는 것도 3개월 동안 최선의 노력을 다하면 가능하다는 것이다. 실제로 그는 3개월의 법칙을 적용하여 체력과 외국어 실력을 갖추었다. 그래서 웬만한 격무에도 흔들리지 않고, 수 없이 마주하는 외국 바이어들과의 소통 또한 아무 문제가 없었던 것이다. 처음 3개월이 앞으로 30년을 좌우한다는 생각은 앞으로도 변함이 없을 것 같다고 그는 힘주어 말한다.

특히 20대 청년들이 꼭 실천해주었으면 하는 것이 바로 이 3개월의 법칙이라고 거듭 강조한다. 무엇이든 잘 빨아들일 수 있는 스폰지와 같은 강점을 지닌 청년들이 제대로 해보지도 않고 금방 포기하거나 반대로 맞지 않은 일에 울며 겨자 먹기로 질질 끌려다니는 모습을 볼 때마다 안타깝다는 것이다. 이 말을 하는 그의 얼굴은 조만간 또 3개월 동안 미칠거리를 찾아놓은 듯 보였다.

10만 원으로 1000억 원까지
어떻게 하면 그들이 내 명함을 받을까

아이원스의 전신은 동아엔지니어링이라는 기업이다. 김병기 사장의 손윗동서가 운영했던, 직원 7~8명에 연 매출 7~8억 원 정도의 조그마한 기계부품 제조업체였다. 김병기 사장이 투자회사에서 근무한 지 1년 6개월쯤 되었을 때, 동서의 부탁으로 서류 업무를 도와주기 위해 잠깐 들른 것이 계기가 되어 당시 준비하고 있던 유학까지 포기하고 이 회사에 합류하게 되었다. 그가 꿈꿔왔던 제조업이었기 때문이었다.

하지만 그전의 경험과는 달리 오래된 장비를 가지고 기계의 부품을 제조하는 거친 일은 생각처럼 만만치가 않았다. 게다가 소위 화이트컬러 생활을 했던 그가 매일 기름때 묻히고 무거운 기계들과 씨름하는 모습은 동서가 보기에 안쓰러웠을 뿐만 아니라, 사장의 동서로 회사에 들어온 그의 존재를 회사 식구들도 별로 달가워하지 않았다. 설상가상으로 작업 도중 복숭아뼈가 부러지는 부상까지 입게 되었다. 입사 2주 만에 동서가 술자리를 제안했고 소주잔을 기울이며 말을 건넸다.

"자네와 이 일은 어울리지 않는 것 같으니 다른 사업을 한번 해봐. 내가 종잣돈은 마련해줄게."

참 고마운 제안이었고, 이런 제안을 받아들이지 않을 이유가 없어 보였지만, 당시 그에게는 무언가 설명할 수 없는 무서운 오기가 생겼다고 한다.

"아닙니다, 형님. 저, 계속 이 일을 해보겠습니다. 생산 현장에서부터 차근차근 배워보겠습니다."

그는 이번에는 3개월이 아닌 5개월의 법칙을 적용한다. 문과 출신인 그에게 부품 제조는 상당히 생소한 분야인 데다가, 선입견을 가지고 있는 직원들과의 융화 문제까지 해결하기에는 3개월로는 부족하다고 판단했다. 그래서 연장한 것이 2개월이었다.

그는 150일 동안 최선을 다해 회사의 일원이 되기 위해 노력했다. 다른 신입사원과 똑같은 월급 80만 원으로 출발해서 왕복 네 시간 반이 걸리는 출근과 퇴근길을 단 한 번의 지각 없이 즐거운 마음으로 오갔다. 그 결과, 5개월이 되었을 때에는 기계 작업은 물론 자재 주문까지 할 수 있을 정도가 되었고, 색안경을 끼고 대했던 직원들과의 융화도 더 이상 문제가 되지 않았다. 인터넷 기업에 다닐 당시 배워두었던 컴퓨터 실력으로 주말에는 직원들의 집에 가서 컴퓨터를 고쳐주고 간단한 프로그램들을 가르쳐주며 그동안 쌓여 있던 벽을 허물었고 작업장의 위생, 청결 관리를 위해 장비통을 만들어 지급하는 등 직원들을 가족처럼 생각하고 환경 개선을 위해 노력하는 그의 진심이 비로소 그들에게 전해진 것이다. 5개월 동안 최선을 다한 결과, 기술적인 기반을 갖춘 회사의 일원으로 자리를 잡은 그에게 사장인 동서가 어느 날 이런 얘기를 건넸다.

"내일은 양복을 입고 출근하지. 새로운 거래처 영업을 좀 해야겠어. 자네밖에 할 사람이 없을 것 같아."

다음 날, 드디어 제대로 실력 발휘를 할 때가 왔다는 생각에 들뜬 마음으로 동서이자 사장이 알려준 대기업으로 무작정 향했지만, 어느 누구도 그의 명함을 받으려 하지 않았다. 설령 받았다 하더라도 그냥 손에 쥐었다가 버리거나, 받자마자 읽지도 않고 주머니에 넣어버리는 사람들이 대부분이었다. 대학생 시절 어묵 회사에서의 영업과는 차원이 다른 벽에 부딪힌 것이다.

이틀 동안 시간만 허비한 그는 밤새도록 잠을 이루지 못했다. 허탕친 것이 분해서가 아니었다. '어떻게 하면 내 명함을 전달하고, 나의 좋은 인상을 심어줄 수 있을까. 그리고 상대의 명함 또한 받을 수 있을까.' 고민이 깊어졌다.

그런데 다음 날 '김병기'라는 이름이 박힌 명함은 거래처 직원 30명에게 전달되었다. 그다음 날은 소문이 났는지 일부러 그를 찾아 명함을 받으러 온 사람이 있을 정도였다. 결과는 총 70명. 또 다음 날은 100명. 3일 만에 무려 200명에게 명함을 전달할 수 있었다. 게다가 모두들 재미있어하며 그의 명함을 받아갔고, 두 사람 중에 한 명은 자신의 명함을 그 자리에서 바로 건네주기도 했다.

그의 명함이 이렇게 인기를 얻은 이유는 무엇이었을까? 상대방에게 명함 하나로 인해 즐거움을 선사할 수 있었던 비결은 무엇이었을까? 그것은 바로 그의 기막힌 아이디어 때문이었다.

명함 뒤에 500원짜리 동전을 스카치테이프로 붙이고, '커피 한잔의 여유를 즐기십시오'라는 문구를 넣었다. 이런 그의 전략이 사람들에게 신선하고 재미있게 다가간 것이다. 200장에 붙인 500원짜리 동전의 값을 모두 더하면 10만 원이다. 10만 원이면 당시 그에게 적은 돈이 아니었지만, 이러한 동전 영업을 계기로 결국 그 대기업과 980만 원(490만 원짜리 기계 두 대)의 첫 번째 거래를 성사시킬 수 있었고, 그 후 어마어마한 성장의 기회가 그에게 주어지게 된다.

이처럼 동전 명함 영업으로 자신감을 얻게 된 그는 그 후로도 계속 업그레이드된 영업을 시도한다. 무더위가 기승을 부리는 한여름엔, 전날 밤 신선한 파인애플과 바나나를 사서 막대기에 꽂은 후 얼렸다가 다음 날 아이스박스에 담아 가서 예비 거래처 직원들에게 나누어주며 호감을 샀다. 사명을 '아이원스'로 변경한 후에는 '원one' 담배를 사서 one 글자 앞뒤에 i와 s 스티커를 붙여 아이원스iones라는 사명社名을 알리고, 경고 문구를 회사 홍보 문구로 개조하는 등의 기발한 영업을 시도한다.

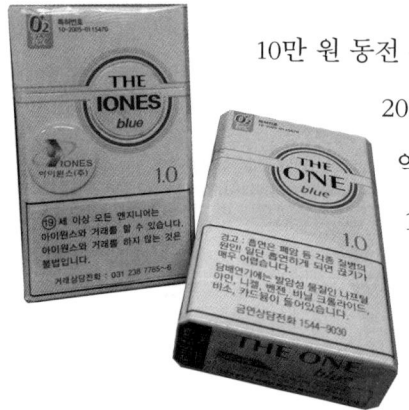

10만 원 동전 영업을 시작한 때로부터 14년이 지난 2017년, 아이원스의 예상 매출액은 1000억 원을 훌쩍 넘어선다. 10만 원에서 1000억 원까지, 내 명함 한 장을 상대방에게 기분 좋게 전달하기 위해 생각해 낸 김병기 사장의 아이디어. 그리고 이 한 가지에서 비롯한 그만의 영업 방식은 회사 발전의 동인動因으로 작용했던 것이다.

향기 나는 사람
나의 냄새를 그리워하게 하라

회사가 어느 정도 성장을 하고나니 외국 출장이 잦아지고 반대로 외국 바이어들이 회사를 찾는 일도 늘어났다.

외국 출장을 함께 간 사람들이 가장 즐거워하는 것 중의 하나가 외국에서 한국 음식을 먹는 것이었다. 그래서 김병기 사장은 간단한 한식 요리를 배우기 시작했다. 출장 가서 머무는 곳을 웬만하면 요리가 가능한 레지던스 호텔로 정했고, 하루에 한 끼는 반드시 김치찌개나 된장찌개 같은 우리 음식을 직접 만들어 동행자들과 함께 먹기 위해 노력했다.

이와 반대로 회사를 방문한 외국 바이어들을 위해서는 회사 구내식당 한 켠에 철판 요리 장비를 갖추어놓고 외국인들이 좋아하는 스테이크와 해물 철판 요리를 직접 만들어 대접했다. 역시 이를 위해 철판 요리 전문가에게 요리 방법을 배웠다. 때로는 한국 거래처 사람들이 방문해도 대접을 할 때가 있는데 그때마다 반응은 폭발적이었다. 얼핏 생각해봐도 그의 철판 요리를 맛본 사람들은 영원히 그를 잊을 수가 없을 것 같다.

참 기발한 발상이다. 게다가 요리를 할 때에는 전문 쉐프 복장을 반드시 착용한다. 오른쪽 어깨에는 '아이원스', 왼쪽 어깨에는 '태극기', 가슴에는 자신의 이름 '브래드 킴'이 새겨져 있는 그만의 쉐프복이다. 그리고 의자 뒤에는 고객사의 이름이 적힌 플래카드를 걸어놓고, 그날을 기억하기 위해 찍은 단체 사진을 즉석 인화하여 선물하는 이벤트의 감동을 누가 잊을 수 있겠는가. 즐겁고 유쾌한 그와의 만남을 말이다.

사업을 하다보니, 대부분의 미팅은 술자리가 곁들여진다. 하지만 헤어질 때, 그는 꼭 빵을 선물로 준다고 한다. 사람들은 그 빵을 집으로 가져가고, 늦게 들어온 남편 손에 들려진 빵 봉투가 아내와 아이들에게는 위로가 될 것이다. 그래서 대부분의 아내들은 남편이 김병기 사장을 만난다고 하면 좋아한다. 어린이날이나 크리스마스 같은 때가 가까워 오면, 그는 아이들을 위한 장난감을 선물로 준비한

다. 역시 같은 이유에서다. 같은 선물이라도 그의 선물에는 수없이 많은 고민과 연구의 흔적이 묻어난다.

평소에 운전을 하지 않는 그가 최근 1종 대형운전면허를 취득했다. 가끔 회사 통근버스를 직접 운전하여 직원들을 집까지 바래다주고 싶은 마음에서다. 때로는 그 버스로 다 같이 삼겹살 식당으로 가서 회식도 한다. 그의 엉뚱하지만 기특한 고민은 끝이 없는 것 같다.

직원들을 생각하는 그의 마음은 여기에서 끝나지 않는다. 그가 계획하고 있는 것 중 또 하나는 회사 직원들이 한곳에 모여 사는 사원 전원주택 단지를 조성하는 것이다. 그리고 그것을 아주 저렴한 가격에 직원들에게 공급하는 것이다. 회사를 유지해나갈 수 있는 가장 중요한 원동력인 직원들이 집 걱정 없이 행복하게 회사와 가정생활을 할 수 있게 만들고 싶은 바람 때문이다.

그는 매일 아침 집을 나서기 전 거울을 보며 자신만의 주문을 외우곤 한다.

"병기야, 오늘도 파이팅! 너를 만난 모든 사람들이 언제나 너를 그리워하게 해라!"

아이원스(주)

아이원스(주)는 반도체 및 LCD 초정밀 국산화 부품 가공 사업으로 1993년 창업했다. 그 후 기술 연구 개발과 고객 만족으로 지속적인 성장을 이루어왔으며, 2006년 반도체 부품을 위한 최첨단 세정 코팅 전용 공장을 설립해 부품의 설계부터 세정 코팅까지 통합 솔루션을 보유한 전문 부품 소재 기업으로 사업 영역을 확장했다. 또한, 2009년 흡착 소재 개발, 반도체 Chemical Air Filter 및 AMC 시스템, 대기 환경 오염의 주범인 NOx, VOC 제거 기술, 실내 공기 청정기 필터 제작 등의 기술을 보유한 환경 사업 출범을 통한 글로벌 그린 사업으로 진출했으며, 범국가적 차원에서 추진 중인 녹색 성장 사업의 일환으로 LED조명 사업을 시작해 사업의 다각화를 꾀하며 기업의 지속적인 안정과 성장에 박차를 가하고 있다.

최근 산학 협력 체제 구축을 통해 상온/저 진공 상태에서 수백 나노 크기 분말의 고속 충돌 운동 에너지를 이용하여 치밀한 세라믹 코팅이 가능한 신 코팅 기술과 반도체 디스플레이 장비 부품 비플라츠카 코팅의 양산화 기술 개발을 통해 플렉시블 기판 세라믹 하드 코팅, LED용 고방열/내전압 세라믹 코팅, 히터용 내열/내전압 세라믹 코팅, 고내마모성 소재 코팅, 치과용 임플란트 표면 처리 코팅 개발에 이르기까지 다양한 분야의 신성장 동력 아이템에 매진함으로써 글로벌 기술 기업으로 성장하기 위한 토대를 마련하고 있다.

현재 아이원스(주)는 도전과 변화의 혹독한 시기를 거쳐 한 단계 성숙한 모습으로 혁신하고자 노력하고 있으며, 다양한 신소재 개발 사업으로의 진출을 통해 국가 경제 산업 발전에 이바지하는 글로벌 종합 부품 전문기업으로 성장해, 작지만 강한 대한민국의 강소기업으로 우뚝 서고자 한다.

청출어람
청어람

이창희

진코퍼레이션

이창희 사장은 젊은 시절
일본에서의 연수를 경험하면서
일본의 품질 관리 정신을 배웠다.
이른바 5S.
정리(세이리), 정돈(세이토), 청소(세이소),
청결(세이케츠), 습관화(시쯔케).
이 다섯 가지다.
이 사장은 5S에 본인의 생각을 더했다.
5S 원칙을 시스템화하는 작업을 한 것이다.
그리고 이 시스템의 일본 수출을 성사시켰다.
그는 창업을 꿈꾸는 이들에게
'하늘에서 뚝 떨어지는 아이템은 없다'고 말한다.
좋은 것이 있으면 열심히 배우고 익힌 다음,
나만의 것을 더해보기를 권한다.

청출어람靑出於藍 청어람靑於藍.
그가 참 좋아하는 말이며,
결국 그가 증명해낸 말이다.

청출어람 청어람
이 창 희

기업을 돕는 기업 진코퍼레이션의 수장 이창희 사장은 정말 바쁜 사람이다. 일 년에 반 이상을 일본과 동남아 여러 나라에서 보내면서 국내 기업은 물론 해외 기업의 공급망 관리 솔루션을 제공하느라 늘 빡빡한 일정을 소화하고 있다. 자칫 지치고 피곤해해야 정상일 것 같은데, 그는 언제나 에너지가 넘친다. 정기적으로 산삼이라도 먹고 있는 건지, 끊임없이 상대와의 이야기를 주도한다. 게다가 분위기까지 이끌어가는 그의 활력의 원천은 어디에서 비롯된 것일까. 그가 여러 나라를 넘나들며 익혀온 사장의 소양에 대해 적어보고자 한다.

청년 이창희를
사장으로 만든 것

　이창희 사장은 청년 시절, 2년제 대학을 졸업하고 빨리 돈을 벌어볼 생각이 앞섰다. 그래서 다른 곳보다 임금이 높은 '공사 현장'에서 일을 하게 되었다. 이 사장의 청년답지 않은 붙임성과 일 처리 능력을 높이 평가한 현장 담당자는 청년 이 사장에게 다른 직원보다 일당 2만 원을 더 지급했다. 그때 결심했다. 앞으로도 계속 칭찬받고 대우받으며 살겠다고. 그러기 위해서는 끊임없는 자기계발을 통한 레벨업이 필요하다는 것을 그는 느꼈다.

국방의 의무를 다하기 위해 입대했을 때에도 마냥 시간이 가기만을 기다리지 않았다. 상병이 되기 전까지는 어려운 공부를 하는 데 눈치가 보였기에 틈틈이 일본어 공부를 했고, 내무반 실세인 상병이 되고 나서 제대를 할 때까지는 4년제 대학에 입학하려는 마음을 먹고 입시 공부를 했다.

제대 후 4년제 대학 전산과에 입학했고, 대학 졸업 후에는 더욱 큰 세계를 경험하고 싶어 컴퓨터 소프트웨어 강국 일본으로 기술 연수생을 지원했다. 더욱 칭찬받는 이창희가 되기 위해 끊임없이 자기계발을 해나간 것이다. 그리고 일본 기업에서의 연수생 시절에도 칭찬받기 위한 노력을 게을리하지 않았다. 공사 현장에서 스스로에게 다짐했던 것을 잊지 않았고 실천했다.

그랬더니 다른 부서에서 연수생 신분인 이 사장을 스카우트해가는 일까지 일어나게 되었다. 이례적인 일이었다. 그때 이 사장은 자신감이 생겼다. 그리고 독립하기로 결심했다. 회사 사람들의 칭찬을 받기보다는 많은 소비자의 칭찬을 받는 사람이 되기로 마음먹은 것이다.

결국 '칭찬'이 젊은이 이창희를 사장으로 만든 것이다. 칭찬을 받으니 도전하고 싶은 의욕이 생겼고, 그것이 자기계발로 이어져 꾸준한 성장을 이루게 한 것이다.

25년 넘게 사장의 자리에 있는 이창희 사장이 직원을 관리하는 데 있어 가장 중요하게 생각하는 것 중의 하나가 '칭찬하기'인 이유가 여기에 있다. 본인이 경험한 칭찬의 어마어마한 효과를 직원들에게도 적용하고 있다. 이 사장이 회사 업무 수행 중에 가장 많이 하는 일이 바로 직원들에게 칭찬할 거리를 찾는 것이다.

다만, 칭찬하기의 방식을 계속 고민하여 상황과 시기에 맞게 적용하고 있다. 칭찬이라는 것이 받는 사람 입장에서는 기분 좋을 수 있지만, 받지 못한 사람에게는 소외감과 박탈감을 줄 수 있기에 잘못 칭찬했다가는 구성원 사이의 편 가르기, 위화감 조성의 원인이 될 수도 있기 때문이다.

이창희 사장은 칭찬받는 것이 좋았기 때문에 사장이 되었고, 지금은 사람들에게 칭찬하는 것을 좋아하는 사장이 되었다.

사장
리더십

이창희 사장이 생각하는, 사장이 지녀야 할 가장 중요한 소양 중의 또 하나는 리더십이다. 사업은 혼자서 할 수 있는 것이 아니므로, 구성원들을 한데 모으고 잘 이끌어갈 수 있는 리더십만큼 중요한 것은 없다고 생각한다.

　사업을 시작하기 전 일본 소프트웨어 기업 연수생 시절부터 그는 주변 사람들과의 융화를 가장 중요시해왔다. 타지에 와서 고생하는 동료들을 위해 한두 살이라도 더 많은 자신이 동생들에게 작은 것 하나라도 더 챙겨주려고 했고 혹시라도 일본인들에게 무시당하거나 놀림받는 일이 없게 하려고 자신은 물론 동료들의 생활의 작은 부분까지도 신경을 쓰곤 했다.

　일본에서 생활할 당시 단체로 목욕탕에 간 적이 있었다. 당시 그 목욕탕은 남탕과 여탕 사이가 보통 사람 키보다 조금 높은 벽 하나로 나뉘어져 있었고 여탕의 소리가 남탕까지 들릴 정도로 그 경계가 허술했다. 그때 동료 한 명이 별 생각 없이 제자리 점프를 하여 여탕 쪽을 엿보려 하자, 이 사장은 호되게 그 친구를 나무랐다. 일본에 와서 생활하게 된 이상, 일본의 문화와 규범에 적응하고 행동 하나, 말 한마디라도 책잡힐 것들은 하지 말자고. 당시엔 별것도 아닌 일에 심하게 반응하는 그를 못마땅하게 여기던 동료들도 있었지만, 원칙과 예의를 중시하는 일본에서 생활하면서 그의 생각이 옳았음을 알게 된 동료들은 그를 외로운 일본 생활의 정신적 지주로 생각하게 되었다.

　하지만 이 사장은 흔히 우리가 떠올릴 수 있는 피도 눈물도 없는 그런 원칙주의자는 아니었다. 어느 날, 그가 신주쿠 거리를 걷고 있을 때였다. 거리에 버려진 TV들을 가끔 발견할 수 있었는데, 그중에 고치면 사용할 수 있을 만한 것들이 그의 눈에 들어왔다. 당시 가난한 연수생들에게 텔레비전을 산다는 것은 꿈도 꿀 수 없는 일이었다. 그것을 들고 온 그는 고장 난 텔레비전을 직접 고쳐 동료들의 숙소에 가지고 와서 그들이 함께 볼 수 있게 했다. 일본어 공부에 도움이 될 뿐만 아니라, 심야에 가끔씩 볼 수 있었던 조금 야한 방송은 외로움에 지쳐 있던 동료들에게는 위안이 되기도 했다.

이뿐만이 아니었다. 같이 자고 먹고 일하다보니 거의 하루 24시간을 함께 생활하는 동료들 간에 사소한 갈등이 생기기 시작했고, 그럴 때마다 이 사장은 사비로 조촐한 술자리를 마련해 그들이 화해하도록 유도했다. 또한 한국으로 돌아가는 동료가 생길 때마다 환송회를 마련해 그동안의 추억들을 되새길 수 있도록 했다.

이러한 이 사장의 리더십은 회사 전체에 소문이 나기 시작했다. 그가 창업을 결심하고 회사를 그만두었을 때, 한국에서 온 동료 열댓 명 중의 반 이상이 이 사장과 함께 뜻을 모았고, 심지어 일본인 직원 두 명도 초기 사업에 함께했다. 이것이 바로 기업을 돕는 기업 진코퍼레이션의 시작이었다.

사장도
공인公人이다

이창희 사장은 기업인도 정치인, 공무원과 마찬가지로 공인이라고 생각한다. 기업인에게 품질과 서비스만큼 중요한 것이 이미지라고 믿기 때문이다.

　일본 기업의 연수생 생활을 마감하고 회사를 그만둘 때의 일이다. 보통 일본 기업은 여름과 겨울, 1년에 두 번 보너스를 지급한다. 그래서 회사를 그만두더라도 보너스를 받은 후인 6월 말과 12월 말에 퇴사하는 것이 일반적이다. 그런데 이 사장은 5월 말에 회사를 그만뒀다. 보너스를 받지 않음은 물론, 20페이지가 넘는 연수 시절 동안의 감사함을 적은 리포트를 제출하기까지 했다. 그가 몸담았던 회사에 대한 고마움을 진정으로 표현하고 싶었고, 또 그가 그 후에 시작할 사업의 고객이 될 수도 있는 기업에 대한 예의를 지키고 싶었기 때문이다.

　이런 이 사장의 깔끔한 태도를 높이 평가한 기업은 그가 처음 사업을 시작했을 때 여러모로 도움을 주었다. 그 기업의 소개로 일본 최대 항공사의 한 프로젝트를 경험할 수 있는 기회가 제공된 것이다. 그때 이런 일이 있었다.

　일본 항공사의 프로젝트 담당자가 이 사장을 처음 만난 날 무척 반가워했다. 알고보니 그가 최근에 한국어를 공부하고 있었기 때문이었다. 이 사장에게 자랑하듯 한국어 교재까지 보여주는 일본인 담당자에게 그는 묘한 감정을 느꼈다. 일본의 대기업 직원이 한국어를 공부하고 있다는 사실이 뿌듯하기도 하고 고맙기도 해서 진심을 다해 고개를 숙이고 인사했다. "도모 아리가토 고자이마스."

　일본 담당자는 예의 바르고 따뜻한 느낌의 이 사장에게 호감을 갖게 되었고, 좋은 관계를 유지하다가 훗날 진코퍼레이션의 가장 큰 거래가 성사되는 데 결정적 역할을 하게 된다. 한국인 사장이 운영하는 작은 기업이 일본 최대 항공사의 항공기 장비 운영 시스템을 맡게 되는 전례 없는 거래가 성사된 것이다. 오늘날 눈부신 성장을 한 진코퍼레이션의 본격적인 첫 발걸음이 바로 이때였다고 이 사장은 회상한다.

품질이나 서비스에서의 조건이 같다면 이미지 좋은 회사가 소비자에게 선택된다는 믿음을 가지고 있는 이 사장은 비즈니스 외의 상황에서도 항상 바른 말과 행동으로 주위에 좋은 인상을 심어주기 위해 노력한다.

회장실은 있지만
회장은 없다

진코퍼레이션 본사 건물에 가면 회장실이 있다. 하지만 회장은 없다. 회장실 안에는 빈 책상이 있고, 간단한 접견실이 마련되어 있다. 이 사장이 회장실을 만들어놓은 이유는 간단하다. 항상 겸손한 마음으로 사업에 임하기 위해서다. 그렇다고 이 공간을 비워놓지는 않고 회의실이나 접견실로 사용하고 있다.

그렇다면 이 사장의 롤 모델은 누구인지 궁금해진다. 바로 삼성의 창업주인 고故 이병철 회장과 나폴레옹이다. 이 사장은 그들의 전기를 무려 스무 번 이상 읽었다. 두 사람 다 롤러코스터와 같은 인생을 살았고, 위기가 닥칠 때마다 그 흐름을 잘 읽고 새로운 전략을 짜내는 능력이 탁월했다.

지금 당장 회사가 잘되고 있어도 언제든 위기가 닥쳐올 수 있기 때문에 모든 일을 결정하고 추진함에 있어서 항상 위에 계신 한 분께 허락을 받고 임하는 마음으로 신중하게 처리한다. 반대로 아무리 큰 위기가 닥쳐오더라도 위에 계신 한 분이 지켜주고 있기에 용기를 내어 추진하면 반드시 그 위기를 헤쳐나갈 수 있으리라는 믿음 또한 갖고 있다.

이것이 진코퍼레이션에 회장은 없지만 회장실이 있는 이유다.

사장은 마음대로
화낼 수 없다

이창희 사장은 원래 화를 잘 내지 않는다. 하지만 아예 화를 내지 않는 것은 아니다. 잘못된 방식으로 업무를 수행하여 일을 그르친 경우를 보았을 때, 화를 내는 것처럼 마음을 표현하기 쉬운 방법이 없다.

하지만 사장은 마음대로 화를 내서는 안 된다고 생각한다. 화를 잘 받아주면 약藥이 되지만 그렇지 않으면 독毒이 되기 때문이다. 따라서 이 사장은 상대가 화를 잘 받아줄 능력이 있는 경우에만 화를 낸다. 상대가 화를 받아줄 수 있는지 없는지를 판단할 줄 아는 능력이 곧 경영 능력이라고 생각한다.

그렇다면 화를 받아주지 못하는 사람은 이미 함량 미달이라는 얘기니, 복잡하게 생각하지 말고 일단 화를 내고 받아주면 함께 가고 아니면 그만두게 하면 될 것 아닌가 하는 의문이 생긴다.

당장은 화를 받아줄 능력이 안 되어도 조금만 기다려주면 성장하는 사원들이 참 많이 있었다고 이 사장은 지난 시절을 회고한다. 회사에 약이 될지 독이 될지 모르는 사람을 일정 기간 기다려주는 것, 그리고 일정 기간이 지난 후엔 그것을 파악할 줄 아는 능력이 사장에게는 반드시 필요하다는 것이다. 구성원을 제대로 파악하는 능력을 기르기 위해 가장 필요한 것으로 그는 '교감'을 꼽았다.

요즘도 가끔 새벽 한두 시에 술을 먹고 이 사장에게 전화를 하는 직원들이 있다고 한다. 이 사장은 그 전화를 반드시 받는다. 중간에 이만 끊으라고 하지 않고 되도록 끝까지 이야기를 들어주려고 노력한다. 만약 그 전화를 성의 없이 받게 되면 다음부터는 그런 전화가 오지 않을 테니까. 구성원들의 진심어린 이야기를 들을 수 있는 기회를 잃고 싶지 않기 때문이다.

"화도 못 내지, 새벽에 전화도 받아야지. 사장하기가 참 쉽지 않죠?"

라고 말하는 이 사장의 얼굴에서 쉽지 않지만 잘하고 있는 사장의 참모습을 나는 발견할 수 있었다.

靑出於藍
靑於藍

진코퍼레이션을 한마디로 말하면 '기업을 돕는 기업'이다. 기업의 품질 경영을 도와주는 사업을 한다. 이 사장은 젊은 시절 일본에서의 연수를 경험하면서 일본의 품질 관리 정신을 배웠다. 이른바 5S. 정리(세이리), 정돈(세이톤), 청소(세이소), 청결(세이케츠), 습관화(시츠케). 이 다섯 가지다.

옷 매장의 예를 들어 그가 자세히 설명해주었다. 매장 안에 있는 많은 옷들 중에서 계절이나 유행과 맞지 않는 옷을 과감하게 없애는 것이 '정리', 바지와 웃옷, 치마 등으로 구분해서 배열하는 것이 '정돈', 매장 안에 있는 쓰레기나 더러운 것들을 버리고 닦는 것이 '청소', 매장 안에 배어 있을 수 있는 바이러스나 담배 냄새 등을 제거하는 것이 '청결', 위의 네 가지 요소를 항상 반복하여 '습관화'하는 것, 이 다섯 가지가 잘 지켜져야 좋은 품질이 유지된다는 것이 5S이다. 정말 품질 관리에 꼭 필요한 다섯 가지 요소다.

이런 5S 정신을 일본에서 배운 이 사장은 이것에 본인의 생각을 더했다. 5S 원칙을 시스템화하는 작업을 한 것이다. 5S 원칙이 지켜지고 있는 것을 관리자는 물론, 소비자까지도 눈으로 항상 확인할 수 있는 시스템, 그리고 품질관리 상황을 데이터로 축적해서 추적을 가능하게 하는 시스템을 개발한 것이다.

예를 들어, 식품 매장이 저녁 9시에 문을 닫는다. 생선이 냉동고에 들어 있었는데 밤 10시에 전기 시스템에 문제가 생겨 냉동고가 꺼졌다가, 다음 날 아침 매장 문을 열기 두 시간 전에 다시 전기가 들어왔다면 아침에 문을 열고 출근한 직원들은 별문제 없이 판매를 시작할 것이고 소비자는 녹았다가 다시 언 생선을 사 가게 될 것이다. 판매자도 소비자도 이 사실을 인지할 방법이 없다. 하지만 진코퍼레이션의 시스템을 적용하면 문제가 간단히 해결된다. 모든 매장 안 장비에 온도 센서가 장착되어 있고, 중앙 컴퓨터에 연결되어 관리할 수 있기 때문에 실시간으로 매장 안 상황을 확인할 수 있고, 이상 상황이 발생하면 즉시 대응이 가능한 것이다. 소비자 또한 매장에서 직접 온도와 습도 등을 모니터할 수 있기에 제품의 관리 상황을 직접 알 수 있는 것이다.

품질을 관리하는 데 있어서 철저하기로 유명한 일본의 원칙들을 가시화할 수 있고, 추적 가능한 시스템과 접목시킴으로써 이 사장만의 사업 아이템을 만들어냈다.

일본으로부터 배운 기술과 원칙에 이창희 사장의 아이디어를 더해 다시 일본에 수출한 것이다. 이 사장은 창업을 꿈꾸는 이들에게 '하늘에서 뚝 떨어지는 아이템은 없다'고 말한다. 좋은 것이 있으면 열심히 배우고 익힌 다음, 나만의 것을 더해보기를 권한다.

청출어람靑出於藍 청어람靑於藍. 그가 참 좋아하는 말이며, 결국 그가 증명해낸 말이다.

청출어람 청어람
이 창 희

㈜진코퍼레이션

진코퍼레이션은 1989년 창립된 회사로 혁신적인 기술 및 품질을 기반으로 제조, 물류, 유통, 판매 등 기업 활동의 전 과정에 이르는 품질 공급망 관리(QSCM : Quality Supply Chain Management) 및 판매 시점 정보 관리 시스템(POS : Point of Sales) 기반의 유통 영업 관리 시스템을 구축하고 컨설팅하는 전문 기업이다.

품질 공급망 관리에 특화된 다양한 솔루션의 개발, 구축, 운영을 주요 사업으로 하며, 하드웨어, 소프트웨어, 서비스가 통합된 솔루션을 고객에게 제공하고 있다.

현재 300여 명의 임직원들이 서울 본사를 필두로 안성 공장과 부산, 대구, 대전, 광주, 제주에 서비스센터를 갖추어 Smart Care Service를 24시간 수행하고 있다. 직원들은 컨설턴트, S/W 개발자, H/W 엔지니어들로 구성되어 있으며 제약, 화장품, 식품, 전자 분야에 전문적인 지식을 보유하고 있다.

미래를 향하여 28년간 축적된 기술력을 바탕으로 IOT 기반의 Data 센싱 기술 및 로봇 공학, ICT기술을 융합한 솔루션은 Smart Factory와 Smart Food Factory로 통합되어 공장 생산 라인의 자동화뿐만 아니라 물류, 유통, 판매 분야에서 업무 통합을 중심으로 하는 품질 경영 시스템을 구축하고 있다.

진코퍼레이션은 제4차 산업혁명의 선두 주자로서 IOT와 접목한 통합형 IT 솔루션을 추구하며 미래의 변화에 유연하게 대응할 수 있는 지속적인 성장 기반을 제공하는 데 중요한 역할을 담당하고 있다. 또한 젊은이들의 롤 모델, 창업 기업의 롤 모델이 될 수 있도록 미래의 목표를 퀄리티 컴퍼니(Quality Company)에 두고 있다.

계단 끝까지 뛰어 올라라

안성주
엠엔지이엔티

"인생은 쉼 없이 계단을 오르는 것이에요.
기회라는 것은 누구에게나 한 번쯤은 오는 것 같아요.
그런데 위를 올려다보지 않고 고개를 숙인 사람은
그것을 못 보고 넘어가는 거지요.
물론 너무 위만 보고 달리다보면 지치죠.
그럴 때만 잠깐 아래를 내려다보고
잠시 위안을 삼은 후 다시 달려가야 합니다."

우리는 대부분 인생에서 중요한
몇 개의 관문들을 만난다.
입시, 군대, 직장, 결혼, 승진 등.
안성주 사장은 청년기의 결정적 관문마다
자신의 부족한 핸디캡 극복을 위해 도전했고
도약했다. 사업도 마찬가지였고
사업의 어려움과 직면했을 때도 그랬다.
처음부터 뛰어난 스펙의 소유자가 아니었기에
그는 지금의 자리에 오를 수 있었다.

계단 끝까지 뛰어 올라라
안 성 주

안성주 사장에게는 유달리 방황하던 학창시절이 있었다. 그래도 대학은 가야할 것 같아 고등학교 2학년 때 운동을 시작했고 체육학과에 입학했다. 군대에 병사로 가기 싫어 학사장교에 지원했고 장교로 복무하던 중에 동기들에 비해 초라한 자신을 발견하고 대학원에 진학하기를 결심했고 그 목표대로 대학원에 입학할 수 있었다.

하지만 대학원에 입학하고나니 그때는 또 대학원 동기들의 화려한 스펙에 놀랐다. 그래서 청년 안성주는 사업을 시작하게 되었다. 지금도 그는 다른 회사에 비해 부족한 것이 무엇인지 매일 고민하며 끊임없이 변화를 시도하고 있다.

180센티미터가 훨씬 넘는 키에 100킬로그램은 거뜬히 나갈 듯한 건장한 체구, 교육용 IT기기 제조 기업 엠엔지이엔티를 이끌고 있는 안성주 사장. 겉으로만 봐서는 부족함 없어보이는 그의 지금까지의 삶은 한 마디로 '파란만장 핸디캡 극복기'였다. 그의 이야기를 통해 스펙은 타고 나거나 물려받는 것이 아니라 스스로의 노력에 의해 만들어갈 수 있는 것이라는 희망을 함께 품어보자.

일단
저지르자

가장 나쁜 건 늘 고민만 하다 제자리에 있는 것이다.

안성주 사장의 저지르기는 고등학교 2학년 때부터 시작되었다. 소위 노는 친구들과 어울리며 허송세월을 하던 어느 날, 문득 대학에 간 선배와 가지 못한 선배의 모습을 동시에 보고 대학에 가야겠다는 생각을 한 후 곧바로 운동을 시작했다. 늦게 시작한 운동이 결코 쉽지 않았지만 목표가 뚜렷했기 때문에 힘든 줄 모르고 최선을 다했다. 체육학과라고 해서 실기만으로는 대학에 들어갈 수 없었기에 학력고사 3개월을 앞두고는 하루 두 시간 이상은 잠을 자본 적 없이 입시 준비를 했고 체육학과에 합격할 수 있었다.

하지만 대학에 들어가고나니 이번에는 군대가 문제였다. 안 사장은 어린 시절부터 친구들 사이에서 리더 역할을 해왔었기 때문에 병사로 군대에 간다는 것은 영 내키지가 않았다. 그래서 바로 학사장교에 지원했다. 결국 소위로 임관하여 장교 생활이 시작되었다.

그런데 장교 생활에서도 그를 자극하는 것이 있었으니 바로 잘난 동기들이 너무 많았던 것이다. 동기들의 스펙에 뒤지고 싶지 않아 대학원에 진학했다.

군 생활과 병행해야 했기 때문에 야간 대학원을 선택했고, 그 곳에서 만난 학생들은 그동안 안 사장이 학교에서, 또 군대 안에서 느꼈던 자극과는 차원이 다른 엄청난 크기의 혼란을 안겨주었다. 대학원 동기들은 정치, 경제, 문화 등 다양한 분야에서 어느 정도 자리를 잡은 사람들이었다. 국회의장 비서실장, 중소기업 사장, 소설가 등 지금까지 만나보지 못했던 부류의 사람들과 함께 수업을 듣고 밥도 먹고 얘기를 나누며 그의 머리는 복잡해졌다.

안 사장은 결국 저질렀다. 장교 생활을 마감하고 사업가의 길로 뛰어든 것이다.

그 당시 굉장히 유행했던 방房 문화 열풍에서 힌트를 얻어 DVD방 프랜차이즈 사업을 시작했다. 당시 유행의 바람이 불기 시작했던 때여서 초기에 큰 어려움은 없었다. 하지만 시간이 흐를수록 여러 가지 크고 작은 문제점들이 드러나기 시작했다. 그때마다 안 사장은 자신이 포기한 것들을 떠올리며 어떻게든 이겨내려고 노력했다. 사실 안 사장이 계속 군인 생활을 했다면 시간은 좀 걸렸을지 모르지만 생활의 안정이 보장되어 있었다. 안 사장이 장교에 입문하던 때가 바로 IMF 위기 당시였기 때문에 장기복무 희망자를 50퍼센트만 받아주는데도 합격을 했고, 장교 시절엔 하루에만 표창을 세 번 받은 적이 있을 정도로 나름

인정받는 젊은 장교였기 때문이다. 지쳐서 주저앉고 싶다가도 그가 포기한 것들을 생각하면 금세 일어나 각오를 다질 수밖에 없었던 것이다.

그러다보니 마침내 전국에 50개 체인점을 운영하는 사업체로 성장시킬 수 있었다. 이 경험을 바탕으로 그 후로도 현실에 안주하지 않고 끊임없이 발전을 거듭하여 현재의 교육용 IT기기 제조 기업으로 자리를 잡게 된 것이다.

"저의 가장 큰 단점이자 장점이 만족을 못한다는 사실이에요. 어릴 때부터 참 많이 저질렀어요. 노는 것도 한두 번이지, 계속 놀다보니 대학 가는 선배들이 부럽더라고요. 그때부터 지금까지 계속 저지르고만 사네요. 그런데 지금 생각하면 참 잘한 것 같아요. 일단 저지르고나니까 수습을 해야 한다는 책임감 때문에 많은 노력을 하게 되더라고요. 이것저것 재기만 하고 아무것도 실천하지 않으면 늘 제자리에 있게 되는 것 같아요."

앞으로도 많은 일을 저지를 것 같은 안성주 사장의 얼굴에서 그동안 포기했던 것에 대한 아쉬움이나 후회는 찾아볼 수 없었다.

세상은
끝없는 계단이다

"계단을 오르지 않는 사람은 자신이 서 있는 그 층이 세상의 전부인 줄 압니다. 한 계단만 올라가도 다른 세상이 있는데 말이에요. 이제 회사 건물도 있고, 고급차도 끌고 다닐 수 있게 되었는데요. 주변을 보면 아직 반도 못 온 것 같아요."

안성주 사장은 언제, 어디서, 누구를 만나 어떤 이야기를 나누느냐에 따라 인생이 달라질 수 있다고 믿는다. 굳이 위를 올려다보지 않고 옆만 둘러봐도 계급은 없지만 그레이드는 있다는 것을 느낀다. 기업의 구성원 모두가 이 '계단 이론'을 염두에 두고 생활하면 좋겠지만, 그럴 수 없다면 적어도 사장만큼은 한 계단에 머무르겠다는 생각을 떨쳐버려야 한다는 것이다.

한국 사회에서는 대기업에 다니다가 어느 날 갑자기 그만두고 창업을 한다고 하면 주변에서 한결같이 말리며 미쳤다고 한다. 하지만 미국에서는 그런 경우 동료들이 송별회가 아닌 축하 파티를 열어준다. 한국에서는 대기업이 '마지막 코스'인 것이고, 미국에서는 대기업이 '거쳐가는 과정'인 것이다.

안성주 사장이 신입사원을 뽑을 때 꼭 하는 질문 중의 하나가 "꿈이 무엇인가?"이다. 이 질문에 많은 젊은이들이 틀에 박힌 영혼 없는 답이나 명쾌하지 않은 답을 하는 것이 그는 안타깝다. 요즘 청년들의 꿈이 '월급 밀리지 않는 직장에 다니는 것'이라는 얘기를 들을 때도 씁쓸함을 감출 길이 없다. 무엇을 해서 돈을 벌지를 고민하지 않고, 돈을 벌기 위해 어쩔 수 없이 일한다는 그들의 생각이 안타까운 것이다.

끝없는 계단으로 이루어져 있는 인생을 살아가는 데 있어 가장 필요한 자세는 현재 위치해 있는 계단에 잘 적응을 하고 나서 바로 그 위 계단으로의 점프를 염두에 두는 것이다. 해외 영업 파트에 지원할 때는 그곳에서 열심히 영업하며 그 나라를 완벽히 파악한 후 주변국으로 확장할 수 있는 가능성을 조사하겠다는 마음을 먹어야지, 단순히 해외에 나가고 싶은 마음으로 지원을 해서는 안 된다는 것이다.

"인생은 쉼 없이 계단을 오르는 과정이에요. 기회라는 것은 누구에게나 한 번쯤은 다 오는 것 같아요. 그런데 위를 올려다보지 않고 고개를 숙인 사람은 그것을 못 보고 넘어가는 거지요. 물론 너무 위만 보고 달리다보면 지치죠. 그럴 때만 잠깐 아래를 내려다보고 잠시 위안을 삼은 후 다시 달려가야 합니다."

지금 이 순간, 혹시 한 층에서 오래 머물며 아늑함을 위안 삼고 즐기느라 수많은 기회를 흘려보내고 있지 않은가 되돌아봐야 한다.

사장은 교탁에 선
선생님 같은 사람

학창시절 누구나 한 번쯤은 선생님 몰래 교실 뒤에 앉아 도시락을 까먹고 만화책을 봤던 경험이 있을 것이다. 그런데 사실 그 순간 선생님들은 대부분 그 상황을 다 알고 계셨을 것이다. 알고도 모른 척하셨거나, 너무 심하면 혼을 내시기도 하셨을 것이다. 안 사장은 기업의 사장도 교탁에 선 선생님과 같아야 한다고 생각한다.

"저희의 주 거래처가 학교여서 자주 가게 되는데요. 어느 날 빈 교실의 교탁에 올라가봤는데 깜짝 놀랐어요. 교실 안 구석구석이 그렇게 잘 보일 수가 없더라고요. 그때 '사장도 이렇게 회사의 모든 것을 볼 줄 알아야 하겠구나.' 하는 생각을 했어요. 다만 언제 그냥 넘어가고 또 언제 지적하느냐를 잘 판단해야겠죠."

그는 올해로 13년차 사장이다. 다양한 직원들을 관리하면서 그 나름의 원칙을 만들었다.

충실히 자기 임무를 다하던 직원이 갑자기 근무 태도가 느슨해지거나 업무 중 실수를 하게 되는 경우엔 웬만하면 잘못을 추궁하지 않고 넘어간다. 조그만 휴식을 인정한 것으로 삼고 이해해주면 잠시 슬럼프를 겪던 직원의 더 큰 일탈을 방지할 수 있고 금세 제자리로 돌아오는 것을 많이 경험했기 때문이다.

반대로 평소에도 그리 바람직하지 않은 자세로 일하던 직원이 실수를 하게 될 경우엔 따끔하게 지적을 한다. 그 후에도 반성하는 자세나 개선할 의지를 보이지 않으면 극단의 조치를 불사할 수밖에 없음을 알리고 나서야 변화한 모습을 보게 된 경우가 많았다. 물론 회사를 떠나는 직원도 있었지만 회사가 단순히 정情으로만 유지될 수 없는 곳이므로 마음은 아파도 자격과 자질이 없는 구성원과의 이별은 불가피하다고 생각한다.

"좀 냉정한 사람으로 보이시겠지만, 저는 열심히 하는 사람보다 잘하는 사람이 좋습니다. 하루 종일 일을 하긴 했는데, 나중에 보면 도대체 뭘 했는지 알 수가 없는 직원들이 가끔 있어요. 그런 직원들은 그 일이 적성에 안 맞거나 마음이 다른 데 가 있는 겁니다. 그럴 경우에는 부서를 바꿔주거나 면담을 통해서 동기 부여를 해주는 게 필요합니다."

모든 구성원들에게 좋은 사장으로 인식되면 더할 나위 없겠지만 실제로 그것은 불가능하며, 그것이 회사와 직원에게 반드시 좋지만은 않다는 것이 안 사장의 생각이다.

고등학교 1학년 때 교련선생님을 안 사장은 아직도 잊지 못한다. 성적은 반에서 꼴찌였고 소위 껄렁대는 학생이었던 그를 무기고로 데리고 가 죽기 직전까지 때리고 나서 진심으로 자신의 미래를 걱정해주셨던 선생님. 방황하던 청년 안 사장이 조금씩 변화할 수 있는 계기를 마련해주신 그 선생님을 그는 아직도 잊지 못한다.

사장은 당근과 채찍을 '적시適時'에 사용할 줄 아는 현명한 선생님 같은 존재가 되어야 한다. 하지만 그 적시를 아는 현명함을 얻으려면 적지 않은 시행착오를 경험할 것은 각오해야 한다.

자수성가自手成家의 장점

안성주 사장은 부모님으로부터 물려받은 재산이나 주변의 도움 없이 스스로의 힘으로 사업을 시작해서 지금의 성공을 이루어낸 소위 '자수성가'한 사업가다. 그가 말한 자수성가의 장점 몇 가지를 간단히 정리한다. 열정과 성실함만을 무기로 사장이 되려고 하는 많은 사람들에게 도움이 되었으면 한다.

- ◆ 시작할 때는 힘들지만, 이루어내기만 하면 모든 것이 내 공功이 될 수 있다.
- ◆ 주변 누구로부터도 자유로워서, 내가 하고 싶은 방식대로 마음껏 사업을 펼쳐볼 수 있다.
- ◆ 사업 자금이 필요할 때에는 국가 혹은 여러 기관의 지원을 받을 수 있다. 이때 여러 가지 요소를 심사받게 되지만, 가장 중요한 것은 바로 '경영자의 의지와 진심'이다. 다분히 평가자의 주관이 반영될 수밖에 없겠지만 사업 아이템이 확실하고 사장의 신념만 굳건하다면 지원받는 것이 그리 어렵지는 않다.
- ◆ 자수성가한 사장의 경우, 대부분 바닥부터 경험하며 시작하기 때문에 나중에 회사 규모가 커진 후에라도 회사 업무 전체를 자신이 모두 파악할 수 있으며, 직원이 갑자기 자리를 비워도 그 자리를 언제든 대신할 수 있다.
- ◆ 거래가 잘 성사되지 않을 때 사장이 직접 나서면 효과가 크다. 왜냐하면 회사 초기에는 직접 거래처 사람들을 상대하며 동고동락했기에, 거래처에서도 옛 기억을 떠올리며 정情으로 대해주기 때문이다.

◆ 무無에서 유有를 창조해냈기 때문에 언제든 무가 되어도 다시 유를 만들 자신감이 있다. 그런 자신감으로 노력하면 실패를 경험할 일은 좀처럼 없다.

계단 끝까지 뛰어 올라라
안 성 주

주식회사 엠엔지이엔티

2005년 설립된 주식회사 엠엔지이엔티는 나날이 변화하는 IT 환경에서 우수한 제품으로 소비자에게 인정받고 신뢰받는 것을 기업의 최우선 목표로 삼는다. 이를 위하여 임직원 모두가 고객 만족을 위해 노력하고 있으며, 이상적인 스마트 환경 구현을 위한 신제품 연구 개발에 매진하고 있다.

2012년 듀얼 부팅 태블릿 PC 투키시리즈를 세계 최초로 상용화시키는 데 성공한 이후, 고성능 무선 영상 전송 장치 투키 미러링, 휴대성이 우수한 초소형 듀얼 부팅 PC 투키 스틱 등 교육·업무용으로 최적화된 신제품을 지속적으로 개발하고 있다. 또한 행망용 데스크탑 PC 투키 스테이션, 가성비가 우수한 투키 프로젝터 등을 출시해 투키 제품군만으로 완벽한 스마트 교육 및 업무 환경 구축이 가능해졌다. 향후 증강 현실 등 다양한 미래 산업과의 융합으로 사업 영역 다각화를 추구하고 있다.

2014년 지금의 신사옥으로 이전한 뒤, 수출유망중소기업으로 지정된 엠엔지이엔티는 2015년에 세계 최초로 듀얼 부팅 스틱 PC을 개발해, 그해 미래부장관 표창과 백만불 수출탑을 수상했으며, 2016년에는 중소기업 기술 혁신분야 산자부장관 표창을, 2017년에는 하이서울 브랜드 지정 및 하이서울 우수상품 어워드를 수상했다.

PART 2

잘할 수 있는 것만 하라

화장품만 25년

권오섭
엘앤피코스메틱

누구나 창업을 할 때 가장 먼저,
그리고 깊이 고민하는 건
사업 아이템에 관한 것이다.
권오섭 사장은
적지 않은 시간 동안 사업을 해보니,
자신이 잘 알고 있고 익숙한 것 중에서
아이템을 선정하는 것이 가장 좋다고 말한다.

어느 날 갑자기 하늘에서 뚝 하고
아이템이 떨어지기를 기대하지 말고,
지난 시간과 주변을 잘 돌이켜보면
분명 좋은 아이템을 찾을 수 있을 것이고,
사업 초기에는 아무리 자신이 있다 하더라도
다소 소극적인 태도가 필요하다는 게
25년 사업 선배로서 들려줄 수 있는 당부였다.

화장품만 25년
권 오 섭

요즘 화장품 매장에 가보면 진열대에 유난히 눈에 띄는 마스크팩들이 있다. 의약품을 연상케 하는 링거병, 주사기, 스포이드, 알약 캡슐 모양의 독특한 포장 디자인으로 소비자를 사로잡고 있는 엘앤피코스메틱의 메디힐 마스크팩 제품이다.

잘 팔릴 때는 0.1초에 한 개꼴로 나간다는 메디힐을 만들어내기까지 얼마만큼의 노력과 시간이 필요했을까? 왠지 화장품 사업보다는 건설업이나 기계 제조업과 어울릴 것 같은 남자다운 외모의 권오섭 사장. 그의 결코 순탄치만은 않았던 25년 화장품 외길 스토리를 들어보자.

실수하라
그리고 도전하라

엘앤피코스메틱의 권오섭 사장은 대학 졸업 후 화장품 제조 회사에 입사하여 경력을 쌓다가 1997년 화장품 편집 숍의 사장이 되었다. 화장품에 대해 많은 것을 알고 있다고 생각하고 겁 없이 창업을 했고, 화장품 편집 숍의 프랜차이즈화를 시도했지만, 너무 앞서간 탓에 실패를 경험해야 했다.

IMF가 불어닥치면서 사업을 접을 수밖에 없었다. 자금이 충분히 확보되지 않은 상태에서 갑자기 경기가 안 좋아지며 매출이 급감하자 더 이상 버틸 수가 없었다. 화장품 제조사에서의 경험은 화장품 판매 사업을 하는 데 있어서는 직접적으로 연결되는 경험이 아니라는 것을 그는 그때의 실패를 통해 절실히 깨달았다.

첫 번째 사업을 접고 나서 1999년에 그는 다시 직장 생활을 시작했다. 이번에는 직장 생활과 사업을 겸하는 형태였다는 것이 더 맞는 표현이다. 당시 화장품 회사의 구조는 본사 밑에 영업소, 그 밑으로 대리점과 전문점이 수직으로 배치되는 형태였는데, 당시 권오섭 사장은 경인지역의 영업소장을 맡고 있으면서 그 밑에 있는 부천대리점의 전문점 영업까지 담당하게 되었다.

영업소 소장의 업무만으로도 힘들었지만 언젠가는 다시 자기 사업을 할 각오였기 때문에 비록 몸은 고되어도 귀한 공부를 한다는 마음으로 몸이 열 개라도 모자랄 일들을 해냈다. 소장과 사장으로서의 업무는 물론이요, 직접 배달까지 해가며 노력했던 때문일까. 그가 맡고 있는 경인영업소와 부천대리점은 점점 성장해나갔다. 하지만 본사의 상황이 그리 좋지 않았다.

2002년, 본사 사장의 권유로 그가 회사의 경영을 맡게 되었다. 이전에 있던 시스템을 그대로 이어가되, 회사의 이름을 바꾸고 야심차게 출발했다. 화장품 제조사에서의 직장 생활과 판매점 사업, 제조 및 유통, 판매사에서의 경험을 거친 권 사장은 자신 있었다. 이번에는 꽤 오랜 시간 동안 사업이 잘 되는 듯했다. 어떻게 해서든 매출 신장을 위해 최선을 다했고, 그 노력의 결과로 제품은 많이 팔려나갔다.

그런데 치명적인 문제가 있었다. 재고가 너무 쌓여가고 있었다는 것이다. 당시 취급했던 품목 수가 2000여 개. 연매출 100억 원이 넘도록 성장했지만, 재고가 무려 30억 원 넘게 쌓여 있는 상황이었다. 설상가상으로 2008년 또 한 번의 금융위기와 맞닥뜨리게 되었다.

결국 헐값에라도 회사를 매각하지 않을 수 없었다. 회사를 넘기고 그 회사의 월급 사장으로 다시 직장 생활을 하게 되었다. 당시 회사 매각 대금으로 주변의 재정 문제를 해결하려 노력했지만 여전히 미결된 빚과 직원들의 퇴직금이 남아 있을 정도로 힘든 순간이었다. 그 이후 약 1년 넘게 월급쟁이 생활을 하면서 조금씩 안정이 되어갔지만, 사업가의 열정은 수그러들지 않았고, 그즈음 또 한 번의 기회가 그에게 찾아왔다.

2009년, 피부과 의사들이 함께 개발하고 주주로 있는 회사에 로열티를 주고 엘앤피코스메틱을 창립한 것이다. 7전8기 정신으로 또다시 재기를 꿈꿨다. 그는 그동안 자신이 화장품 업계에서 직장인으로서, 또 사장으로서 경험한 모든 것을 고려해보았다. 재고 부담이 적은 마스크팩을 주요 품목으로 정하고, 피부과 의사들이 개발한 특화된 제품인 것을 부각시키기 위해 링거병, 주사기, 스포이드, 알약 캡슐 디자인의 패키지로 시선을 끌었다.

제품의 질과 가격을 결정하는 데에는 이전 회사에서의 한방 마스크팩의 기억이 크게 작용했다. 당시 세 장에 천 원 정도로 저렴하고 판촉물 이미지가 강했던 마스크팩 시장에서 한 장에 이천 원 했던 한방 마스크팩이 의외로 잘 팔렸던 것을 떠올려냈다. 질 좋은 제품을 만들고 한 장에 이천 원하는 제품은 물론 삼천 원짜리와 칠천 원짜리의 고가 제품까지 만들어 타사와의 차별화를 시도했다.

이전 회사에서 안고 온 빚에 빚을 얹어야 하는 어려운 상황 속에서도 꿋꿋이 출시 준비를 한 권 사장은 드디어 새로운 회사를 시작했다. 2009년 초, 회사를 시작할 당시에 직원은 총 세 명뿐이었다. 조그만 사무실에서 물류 창고 업무까지 겸해야 했고, 농담삼아 한 달에 일억 원어치만 팔면 소원이 없겠다고 이야기하며 출발했다.

결과는 기대 이상이었다. 첫 해, 8개월 동안 23억 원의 매출, 다음 해에 57억 원, 2011년에는 92억 원의 매출을 올리는 회사로 성장했다.

중간에 회사 내부적인 변화가 있긴 했지만 2016년에는 4000억 원이 넘는 매출을 기록할 수 있었다. 2009년 시작 이후 7년 만에 무려 200배 가까운 매출의 성장을 이루어낸 것이다.

권오섭 사장이 첫 사업을 시작하기 전에 다녔던 화장품 제조사에서의 경험을 빼더라도 25년 넘게 한 길만을 걸어오며 이루어낸 결과가 놀랍다. 결코 순탄치 않았던 길이었지만 권오섭 사장은 단 한순간도 포기하려는 마음을 갖지 않고 앞만 보고 달려왔다.

그래서 지금도 권 사장은 실수하는 직원은 용서하지만 도전을 두려워하는 직원은 나무란다. 실패 없이 거둘 수 있는 성공은 더할 나위 없이 좋다. 하지만 도전을 두려워하다보면 현상 유지 이상은 기대하기 힘들고, 실패를 딛고 일어서는 성공이야말로 더 크고 오래갈 수 있다는 확신을 그는 가지고 있다. 다만, 새로운 것을 도모할 때는 철저하게 준비하는 것을 원칙으로 하고 있다. 직원들과 함께하는 회의를 시작할 때 권 사장은 늘 이렇게 말한다.

"준비를 철저히 했음에도 불구하고 발생하는 실패는 제가 책임지겠습니다. 여러분, 도전을 두려워하지 맙시다."

돈
혹은 사람

"사장이 갖춰야 할 자질 중에서 제일 중요한 것이 무엇이라고 생각하십니까?"

"선택을 잘해야죠. 사업을 하다보면 수많은 선택의 순간이 옵니다. 저도 돌이켜보면 잘한 선택도 있고, 잘못한 선택도 있는 것 같아요. 그런데 공교롭게도 당장은 좀 손해를 보더라도 의리를 지키려고 한 선택은 결국 다 제게 좋은 결과로 돌아오더라고요."

적지 않은 실패를 경험한 권 사장이기에 사업에 관련해서는 냉철한 기준을 가지고 있을 줄 알고 던진 질문에 의외로 인정에 끌리는 판단이 냉혹한 비즈니스 세계에서도 통한다는 답을 들었다. 계속 대화를 이어가보니 충분히 이유 있는 대답이었다.

　마스크팩이 폭발적 인기를 얻으며 2011년 100억 원에 가까운 매출을 올리게 되자, 로열티를 주고 협업을 했던 회사가 상장을 하게 되었다. 권 사장의 회사도 상장에 동참할 수 있었지만 여러 가지 조건들이 여의치 않았다.

　상장에 동참하게 되면 10여 년간 인연을 맺어온 제조 공장과 헤어져야 하고, 회사를 함께 끌어오던 직원들의 일부는 조정을 해야만 했다. 하지만 상장에 동참하지 않으면 시장에서 파란을 일으켰던 브랜드는 포기해야 하고 처음부터 다시 시작해야 하는, 그야말로 이러지도 저러지도 못하는 기로에 서게 되었다.

　권오섭 사장은 깊은 고민에 빠졌다. 하지만 단 일주일 만에 결단을 내렸다. 새로 시작하기로. 애사심 하나로 온갖 어려움 견뎌내며 지금의 회사를 만들어온 식구들 중 어느 한 사람도 포기할 수 없었고, 10년 넘게 소중한 인연을 맺어오며 누구보다 제품을 잘 만들어준 제조 공장과의 관계도 결코 놓칠 수 없었다.

　결국 2012년, 권 사장과 임직원들은 새로운 브랜드를 내놓게 된다. 20여 명의 식구들이 그해에 이루어낸 성과는 매출 57억. 이전 해에 이루어낸 92억에 비하면 상당히 줄어든 결과지만 충분한 가능성을 엿볼 수 있었다.

　처음부터 다시 시작해도 할 수 있다는 자신감과 보다 견고해진 애사심으로 임직원들이 똘똘 뭉쳤고, 제조 공장 또한 권 사장이 지켜준 의리에 더욱 질 좋은 제품을 만들어내기 위해 노력했다. 급기야 제조 공장의 사장은 권 사장 회사만 보고 임대 공장을 나와 대출까지 받은 후 자가 공장을 건설했고, 최신·최고급 설비 또한 보충했다. 질 좋은 제품을 대량 생산할 수 있는 시스템을 완벽히 갖춘 것이다. 게다가 공장의 지분 25%를 권 사장에게 보은 차원에서 주었고, 권 사장은 또 그 지분을 임직원들에게 나누어주었다. 고마움을 느낀 사람들끼리 서로를 배려하고 아끼고 나누는 경험을 공유하게 된 것이다.

권오섭 사장이 의리를 무엇보다 중요시하는 것은 사실 엘앤피코스메틱을 시작하기 전에 그가 운영했었던 회사에서부터 시작되었다. 그 회사를 처분할 당시, 상당수의 직원들에게 퇴직금을 주지 못했다. 하지만 단 한 사람도 법적 고발이나 항의를 하지 않았고 오히려 그들의 퇴직금보다 사장의 재기를 마음 깊이 격려해주었다. 그리고 고용 승계가 100퍼센트 되지 않아서 하루아침에 일자리를 잃은 직원도 몇 명 있었다.

지금도 잊을 수 없는 사람 중의 하나가 바로 물류센터 담당 직원. 일자리를 잃게 되었음에도 불구하고 새로운 회사로의 물건 운반을 끝까지 맡았던 담당 부장의 이야기를 이어갈 때엔 권 사장의 눈가가 촉촉해지고 있었다. 그때 주지 못했던 퇴직금은 처리가 되었는지, 끝까지 의리를 지켰던 물류센터 담당 부장은 어떻게 되었는지 궁금해하는 내 마음을 알았는지, 권 사장은 묻지도 않았는데 말을 이어갔다.

"당시 못 드렸던 퇴직금은 결국 다 드렸어요. 그리고 당시 직원이 서른 분 정도였는데 그중 열 분 이상이 현재 엘앤피코스메틱에서 근무하고 있어요. 다시 모시고 온 거죠. 의리의 사나이 물류센터 부장님도 현재 근무하고 계세요."

이렇게 인연을 소중히 여기고 의리를 중시하며 회사를 운영한 결과는 실로 놀라웠다. 새로운 브랜드를 론칭한 지 4년 만에 연매출 4000억 원을 돌파한 것이다. 물론 국내 화장품의 한류 열풍, 특급 모델 기용 등 여러 가지 이유들이 복합적으로 작용해 이루어진 결과지만, 권 사장은 하루아침에 모든 것을 새로 시작해야하는 절박했던 그 순간을 잊을 수가 없다. 앞으로도 수많은 선택의 순간이 그에게 다가올 것이며, 그때마다 소중한 사람들과의 의리는 판단 기준 리스트의 맨 윗부분에 자리할 것이다.

얻은 것을 나누면

2017년 4월 말, 엘앤피코스메틱은 지상 8층, 지하 3층 층당 면적 400평 규모의 신사옥에서 새 출발을 한다. 신사옥 내에는 업무 공간 외에 직원들의 복지를 위한 공간이 상당 부분 마련되어 있다.

피트니스 센터, 골프 연습장과 스크린 골프장, 농구장, 스트레칭실, 사우나, 수면실 등 오로지 직원들의 건강과 피로 회복을 위한 최신식 공간들이다. 그리고 이 시설들은 임직원뿐만 아니라 임직원의 가족들도 무료로 사용할 수 있다.

그리고 사옥 6층에는 재단법인 메디힐의 사무실이 있다. 불우한 이

웃을 돌보고, 훌륭한 학생들에게 장학금을 주고, 의미 있는 문화사업, 스포츠사업을 지원하기 위해 주주들이 함께 만들었다.

어떤 회사가 성장해서 수익이 많이 나면, 그만큼 쓸 곳이 많아진다. 가장 먼저 떠오르는 것이 신제품을 위한 연구개발비, 다른 업종으로의 사업 확장일 것이다. 물론 그런 것들도 중요하겠지만 권오섭 사장은 회사가 이익이 나면 구성원들을 위한 투자와 소비자들에 대한 보은을 가장 먼저 생각한다.

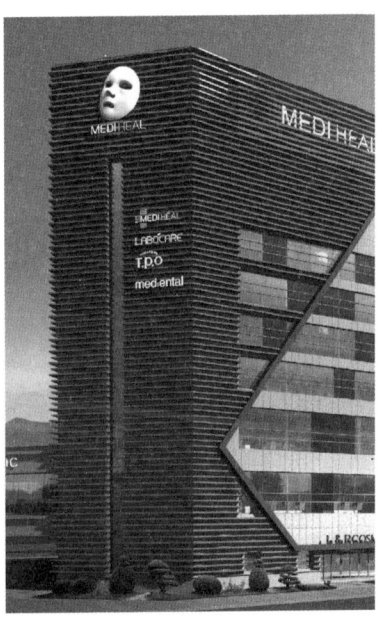

지금처럼 안정적인 궤도에 오르기 전까지 수없이 많은 힘든 상황에서 고통을 함께 이겨내준 구성원들에 대한 고마움, 회사가 유지될 수 있도록 제품을 구입해준 소비자들의 은혜에 보답하는 것을 최우선으로 생각하는 것이다.

그래서 엘앤피코스메틱 신사옥에는 본래의 업무를 위한 사무실 외에 구성원들을 위한 공간과 소비자들을 위한 공간이 위아래로 만들어져 있다. 뛰어난 기술력, 왕성한 영업력 못지않게 이 공간들이 앞으로 회사의 더 큰 발전을 이끌어줄 것이라 그는 확신한다.

시작은
작게 하라

창업을 꿈꾸는 예비 창업자들에게 사업 초기 아이템을 선정하고 회사를 꾸려나가는 데 있어 도움이 될 만한 얘기를 청했다. 권 사장은 잠시 눈을 지그시 감았다 뜨더니 짧게 답했다.

"주변에 있는 것들 중에서 아이템을 선정하는 게 좋은 것 같아요. 그리고 시작은 작게, 검증되면 늘려야죠."

오늘의 엘앤피코스메틱을 만든 주역은 단연 마스크팩이었고, 그것을 주 품목으로 정했던 이유는 바로 실패했던 이전 회사에서 비싼 한방 마스크팩이 적잖이 팔렸던 기억을 되새겨보는 과정에서였다고 한다. 마스크팩은 종류가 적고 회전이 빨라 재고 부담이 적다는 장점이 있는 아이템이었다.

다만 다른 제품과 무언가 달라야 했기에, 그대로 옮겨온 것이 아니라, 의학적인 신뢰를 얻고자 포장지도 의료기기를 연상케 하는 디자인을 가미하는 노력을 기울였다. 판촉물 이미지를 벗은 고급 제품임을 소비자에게 강하게 어필하기 위함이었다. 철저한 준비 덕에 어느 정도 확신이 있었음에도 불구하고, 시작할 때는 이천 원짜리 중급 팩 5종, 삼천 원짜리 고급 팩 4종, 칠천 원짜리 최고급 팩 1종, 단 열 가지 품목만 가지고 승부를 걸었다. 시간이 지날수록 소비자들의 반응이 좋아졌고, 10종으로 출발했던 엘앤피코스메틱의 마스크팩 종류는 2017년 현재, 무려 220가지가 넘는다.

화장품만 25년
권 오 섭

적지 않은 시간 동안 사업을 해보니, 가장 잘 알고 있고 익숙한 것 중에서 아이템을 선정하고, 시작은 최대한 보수적으로 하며 검증이 되면 조금씩 늘려가는 것이 중요하다는 사실을 깨달았다. 어느 날 갑자기 하늘에서 뚝 하고 아이템이 떨어질 것이라고 기대하지 말고, 지난 시간과 주변을 잘 돌이켜보면 시간이 좀 걸리더라도 분명히 좋은 아이템을 발견할 수 있을 것이다. 그리고 자신이 있다고 할지라도 처음에는 보수적으로 시작하기를 거듭 당부했다.

그리고 권 사장은 다시 한 번 말을 보탰다.

"사실 제가 한 얘기를 여기저기서 들어서 다들 알고 계실 거예요. 그런데 중요한 건, 희한하게도 사업 현장에 들어가면 이 사실을 많이들 잊게 되더라고요. 그래서 다시 한 번 명심 또 명심해주시기를 바랍니다."

언젠가는
직원 모두를
혼내고 싶다

권 사장과의 인터뷰를 진행하는 동안 몇몇 직원들이 사장실을 오고 갔다. 다과를 가져오는 직원, 권 사장이 어렴풋하게 기억하고 있는 것들을 확인시켜주는 직원, 다음 일정을 알려주는 직원 등.

그런데 어떤 직원에게는 거친 농담을 섞어가며 아주 스스럼없이 대하는가 하면, 또 어떤 직원에게는 아주 깍듯이 존댓말을 써서 대하는 모습을 보게 되었다. 궁금해졌다. 직원들을 대하는 그만의 기준은 무엇일까. 권 사장의 대답은 간단했다.

"저는 오래 본, 믿을 만한, 앞으로 오래갈 만한 직원에게만 야단치고 농담합니다. 그렇지 않은 직원들에게 야단치거나 농담하면 그들이 상처받거나 오해하게 되거든요."

웬만하면 혼내지 않는 것이 원칙이지만, 혼을 내도 직원들에게 진심으로 나무라는 것이 사장의 마음을 가장 빠르게 전달할 수 있는 방법이라는 것이다.

엘앤피코스메틱에는 230여 명의 식구들이 있다. 권 사장은 언젠가 이 230명 모두를 야단칠 수 있는 날이 올 거라고 믿고 있다. 그리고 어쩌면 식구들도 권 사장에게 야단맞을 날을 기다리고 있을지도 모른다.

엘앤피코스메틱(주)

화장품 전문 연구원과 뷰티 전문가의 노하우를 접목한 상품을 기획하고 엄격한 피부과 자극 테스트를 통해 피부 안전성을 높인 제품을 개발해 상품의 효능과 고객 만족도를 최대 가치로 지향하는 전문 화장품 기업이다.
엘앤피코스메틱(주)은 메디힐, 티피오의 브랜드를 가지고 있으며, 특히 메디힐은 마스크팩 넘버원 브랜드다. 국내외 드럭스토어와 면세점, 대형마트, 홈쇼핑, 온라인몰 등 다양한 채널을 통해 판매 중이며, 2015년 국내 올리브영 상반기, 하반기 판매 1위를 달성했고, 3개월 만에 약 8,300만 장 이상을 판매하며 0.1초에 한 장씩 팔리는 마스크팩으로 자리매김했다. 2017년 2월, 마스크팩만으로 누적 판매량 8억 장을 돌파하며 마스크팩 전문 브랜드를 넘어 K뷰티 브랜드로서의 새 기록을 수립했다.
뛰어난 제품력으로 한국은 물론 중국, 홍콩 등 해외 소비자들에게도 큰 인기를 얻어 현재 25여 개국에 수출하고 있으며 2016 무역의 날 이천만불 수출탑을 수상했다. 매출의 55%가 해외에서 발생하고 있을 정도로 해외에서 더 좋은 평가를 얻고 있다. 특히 중국에서 가장 큰 인기를 얻어, 중국 1위 쇼핑몰인 타오바오(www.taobao.com)에서 마스크팩 판매 1위를 차지했으며 중국 역직구몰인 중문 11번가에서 검색 및 판매 인기 상품 1위를 차지했다. 엘앤피코스메틱(주)은 앞으로도 고객 니즈에 맞는 제품을 꾸준히 개발하고 해외 시장을 적극 개척해 국내와 중국은 물론 전 세계에서 '붙이는 화장품'으로 1위를 차지하겠다는 계획이다.

세상
모든 것을
디자인
하라

박준완

아르스앤

"사장님, 수십 페이지 중에 한 페이지라서
잘 보이지도 않고, 따져보면
'of'나 'for' 나 큰 차이 없지 않나요?
그거 하나 때문에 매뉴얼 전체를
다시 만드는 것은 큰 일인데요.
걱정 마시고 기분 좋게 계속 술 드시죠."
대수롭지 않은 클레임이니
신경 쓰지 말자는 직원의 말에
박 사장은 짧게 대답했다.
"오늘은 기분 좋게 술 마시고,
내일부터 다시 만듭시다.
인쇄는 한 페이지만 바꾸면 되니까, 바짝 하면
일주일 안에 배송까지 될 거예요. 자, 파이팅!"

그리고 딱 일주일 후에 'for'가 'of'로 바뀌어
새로 제작된 매뉴얼이 전 세계 센터에 다시 배송되었다.
콘텐츠 개발, 현장 작업에 이르는 많은 과정을
처음부터 끝까지 진두지휘하는 그는
연장을 들고 해외 전시장의 설치까지 손수 해내는
열정 가득한 멀티플레이어다.

세상 모든 것을 디자인하라
박 준 완

박준완 사장은 어릴 때부터 그림 그리는 것을 좋아했다. 그리고 예쁜 물건을 좋아했다. 대학 입시 준비 때문에 바쁘고 힘든 나날을 보내던 고등학교 2학년 때였다. 가뜩이나 지친 마음이었는데, 문득 자신의 주변에 맘에 드는 디자인을 한, 그야말로 맘에 쏙 드는 예쁜 물건들이 없다는 생각이 들었다. 그래서 결심했다.
　'모든 것에 디자인을 가미시키자. 세상을 아름답게 만들어줄 그런 제품을 만들어보자.'
　고등학교 2학년 때 처음 했던 이 결심은 20년이 지난 지금도 변함없이 그의 뇌리에 박혀 있다. 그 역시 살아온 중간중간 방황한 때도 있었고, 애써 왔던 길을 돌아간 경우도 있었지만 그때 다짐했던 그 결심 하나를 떠올리며 멈추지 않고 나아갈 수 있었다.
　그랬던 덕분일까. 처음엔 걸었지만, 어느 순간 버스를 타고 있었고, 이제는 비행기까지 타게 되었다. 이렇게 일의 속도가 붙을 수 있었던 것은 그에게는 분명한 목적이 있었기 때문이다. 막연하게 '뭐가 되었든 돈 되는 일을 하겠다'가 아닌 '내가 좋아하는 디자인의 좋은 제품을 만들겠다. 그래서 세상 사람들과 이 물건을 나누는 기쁨을 함께 나누겠다'는 뚜렷한 목표가 있었다.

길을 아는 것과
길을 걷는 것의 차이

군대를 제대하고 복학생이었던 스물세 살, 처음 일을 시작할 때도 주저함 없이 어디에서 일을 시작하는 게 좋을지 그는 단번에 알 수 있었다. 바로 수많은 기업들의 전시 행사가 끊임없이 이루어지는 코엑스였다.

박준완 사장은 제빵 사업을 하고 싶은 학생은 빵 가게 아르바이트부터 시작하는 것이 좋고, 의류 사업을 하고 싶은 예비 창업자는 옷 가게 아르바이트부터 시작해야 한다는 평범한 진리를 믿는다. '좋은 디자인의 제품을 만들겠다는 꿈'을 갖고 있는 자신은 '그러한 것들이 많이 모여 있고, 또 모여 있어야만 하는 곳'에서 처음 일을 시작하는 것이 맞다고 판단한 것이다.

삼성동 코엑스 전시장에 들어선 순간, 수많은 예비 고객들이 모여 있는 것을 보고 그의 가슴은 마구 뛰었다. 지금은 비록 돈 없고 경험이라고는 하나도 없는 대학생이지만, 언젠가는 저 업체들의 전시 대부분을 내가 맡아 해보겠다는 목표가 생겼던 것이다.

당시 박준완 사장이 창업한 회사의 직원은 '박준완 한 사람'이었다.

세상 모든 것을 디자인하라
박 준 완

사무실은 지인 회사 사무실의 책상 한 칸. 안내 전단지를 만든 후 회사에 있는 복사기로 복사한 후 전시 참여 업체 및 관람자들에게 직접 전달했다.

전단지의 내용은 〈급하게 바꾸어야 할 내용 있으신 분, 추가로 전시할 계획 있으신 분, 언제든 연락 주십시오. 원하시는 일정에 맞추어 드립니다. 24시간 대기. TEL. 02-***-****〉 이 정도였다.

당시 그의 상황에서 할 수 있는 최선을 다해 준비하고 시작한 일이지만 사실 큰 기대는 하지 않았다. 그도 그럴 것이 대한민국 최고의 기업 전시회장인 코엑스에서 전시를 하는 기업들이 얼마나 철저한 준비를 했

겠는가? 그는 그야말로 자신의 전단지를 받은 업체 100군데 중에 한두 곳에서라도 연락이 오면 정말 최선을 다해 해보겠다는 마음이었다. 그런데 결과는 정말 예상 밖이었다. 전단지를 돌리기 시작한 날 저녁에 첫 번째 전화가 걸려왔다. 두 평 남짓 부스에서 전시하고 있던 중소기업이었는데, 제품의 설명 보드를 빼먹어서 급하게 내일 낮까지 만들어줄 수 있느냐는 문의였고, 열정 가득했던 박준완 사장은 내일 낮이 아니라 오전까지 만들어드리겠다고 약속하고는 그날 밤샘 작업으로 첫 번째 일을 해결했다.

그리고 더욱 놀라웠던 것은 밤샘 작업 중에도 두세 건의 문의 전화가 더 걸려왔고, 그 후로도 꾸준히 하루 평균 서너 건의 일들을 할 수 있었다. 아무리 준비를 잘한 업체도 막상 현장에서는 사소한 결함이 발견되게 마련이었고, 다른 업체들의 전시 모습을 보고 계획에 없던 것을 추가하는 경우 또한 적지 않았다. 그의 예상이 정확히 맞아 떨어진 것이다. 나중에 정산해보니 한 달 동안 500만 원이 넘는 수익을 얻었다.

돈도 돈이지만 더 소중한 것을 얻을 수 있었는데, 그것은 바로 적지 않은 업체들과 관계를 맺을 수 있었다는 사실이다. 당시 처음 전화를 걸어왔던 고객, 다음 날까지 자신들이 빼먹은 제품의 설명 보드를 만들어주었던 기업과는 그 이후로도 꾸준히 관계를 맺어오다가, 얼마 전에는 그 기업의 새로운 로고 디자인까지 그의 회사에서 맡아 하게 되었다.

두 평짜리 부스에 들어갈 제품 설명 보드를 제작해주는 것에서 출발한 박준완 사장의 회사 아르스앤은 2017년 현재 글로벌 자동차 기업

세상 모든 것을 디자인하라
박 준 완

의 전 세계 10여개 국에 있는 서비스센터의 공간 구성, 직원 유니폼, 매뉴얼 제작, 서비스 제품 제작 등 디자인에 관한 거의 모든 업무를 책임지고 있다.

긍정보다
강한 마법은 없다

2004년 말, 아내와의 연애 시절이었다. 누구나 그렇듯이 재미 삼아 사주를 보러 갔는데, 의외의 충격적인 말을 듣게 되었다.

"아무 것도 하려 하지 말고 당장 해외로 가라. 그렇지 않으면 사업도 건강도 모두 망가진다."

대수롭지 않게 듣고 넘기려 했지만 괜한 신경이 쓰였고, 다른 곳의 이야기도 들어봐야겠다 싶어졌다. 그래서 세 군데를 더 찾아가 사주를 보게 되었다. 그런데 놀랍게도 나머지 세 군데 또한 처음 들었던 것과 거의 비슷한 이야기를 하는 것이 아닌가.

박준완 사장은 네 번째 집에서 나올 때, 그곳의 명함을 챙겼다. 오기가 생긴 것이다. 그들의 한결같은 자신의 사주 풀이가 틀렸다는 것을 반드시 증명하고 다시 찾아갈 요량으로.

게다가 다음 해에는 그에게 정말 중요한 이슈가 기다리고 있었다. 개인 사업자로 8년간 운영해온 회사를 법인으로 전환할 계획이었다. 국내 최고의 자동차 부품 대기업의 1차 밴더로 등록하기 위해서였다. 대기업과 직접 거래를 하려면 1차 밴더로 반드시 등록이 되어야 하고, 이 등록

요건의 첫 번째가 바로 법인 업체여야 하기 때문이었다.

하지만 법인이라고 무조건 다 1차 밴더가 되는 건 아니었다. 그의 회사 규모로 봐서는 그야말로 하늘의 별 따기 수준의 확률에 도전하는 것이었기 때문에 주변에서는 다들 말리고 있었던 상황이었다. 하지만 박 사장은 '할 수 있다'는 자신감과 '잘될 거야'라는 긍정적인 마인드로 밀어붙일 계획이었고, 혹시나 하고 재미 삼아 본 사주의 결과가 오히려 그의 열정에 불을 붙인 결과가 되었다.

다음 해, 우여곡절 끝에 아르스앤은 그 대기업의 1차 밴더로 등록되었다. 하지만 결과는 실망스러웠다. 한 해 동안의 매출이 2000만 원을 넘지 못하는 미비한 수준에 불과했다. 그러나 그는 좌절하지 않았다. 시작 첫 해에 그 정도면 적지 않은 거라고, 또 전부터 거래해온 기업들의 매출은 성장하고 있기 때문에 괜찮다고 스스로를 위로했다. 포기하지 않고 노력하면 대기업과의 거래도 반드시 커지게 될 거라는 확신을 접어두지 않았다.

그 특유의 긍정의 마법은 이듬해에 바로 결실을 맺기 시작하여 무려 20억 원의 매출을 올리는 데 성공했다. 불과 2년 만에 매출 100배 성장의 신화를 만들어낸 것이다.

예나 지금이나 박 사장이 직원들과 회의할 때 가장 싫어하는 말이 있다.

"그렇게 크고 어려운 작업을 우리가 할 수 있을까요?"

세상 모든 것을 디자인하라
박 준 완

잘못은 덮으면 썩지만
꺼내서 고치면 더 좋아질 수 있다
실수를 인정하라

아르스앤의 큰 고객사 중 하나인 글로벌 자동차 기업의 해외 서비스 센터에 보낼 매뉴얼 제작은 정말 힘든 작업이었다. 양도 방대하고 전부 영어로 작성해야 하기 때문에 상당한 시간과 정성이 필요했다.

회사의 전 직원이 몇 달을 고생하여 전 세계에 배송을 마쳤다. 정말 큰 작업이었고 힘든 작업이었기에 직원들의 노고를 치하하는 회식 자리가 마련되었다. 그런데 그때 담당 직원에게 국제 전화 한 통이 걸려왔다. 매뉴얼 중간 부분에, 'of'가 'for'로 잘못 적혀 있다는 클레임이었다. 떠들썩했던 회식 자리가 찬물을 끼얹은 듯 조용해졌고, 담당 직원이 조심스레 말을 꺼냈다.

"사장님, 수십 페이지 중에 한 페이지라서 잘 보이지도 않고, 따져보면 'of'나 'for'나 큰 차이 없지 않나요? 그거 하나 때문에 매뉴얼 전체를 다시 만드는 것은 너무 큰일인데요. 제가 내일 잘 설득해보겠습니다. 너무 걱정 마시고 기분 좋게 계속 술 드시죠."

"제 생각에도 큰 문제 없을 것 같은데요."

"맞아요, 사장님. 그걸 언제 또 다 다시 할 수가 있겠어요."

일리 있어 보이는 담당 직원의 차분한 이야기에, 여기저기서 직원들의 호응이 이어졌지만, 박 사장은 짧게 대답했다.

"오늘은 기분 좋게 술 마시고, 내일부터 다시 만듭시다. 인쇄는 한 페이지만 바꾸면 되니까, 바짝 하면 일주일 안에 배송까지 될 거예요. 자, 파이팅!"

그리고 딱 일주일 후에 'for'가 'of'로 바뀌어 새로 제작된 매뉴얼이 전 세계 센터에 다시 배송되었다.

2010년에는 이런 일도 있었다. 국내 중견기업의 제품 케이스를 납품하게 되었다. 적지 않은 양이었지만 부지런히 작업한 결과 납기일보다 훨씬 빨리 마무리되어 납품할 수 있었다. 당시 물건을 받은 기업에서는 일찍 보내줘서 고맙다는 이야기 외에는 아무런 말이 없었다.

그러던 어느 날, 아르스앤에 남아 있던 제품 케이스 하나를 우연히 보게 되었다. 그런데 문제가 발견되었다. 제품 케이스에 새겨져 있는 기업의 로고 색깔이 원래 색보다 흐리게 나왔던 것이다. 확인 결과 모든 케이스가 동일하게 되어 있다는 것을 안 그는 전량 다시 제작할 것을 지시하고 기업에도 다시 보낼 테니 조금만 기다려달라고 연락했다. 나중에 이 모든 사실을 알게 된 클라이언트는 감동했다. 그 기업은 지금도 아르스앤 매출의 상당 부분을 차지하는 주요 클라이언트다.

박준완 사장은 기업의 행위란 기본적으로 '반복'이라고 말한다. 좋은 방식은 반복적으로 유지해야 하지만 실수를 덮은 채 잘못된 방식을 반복하면 썩게 마련이다. 실수는 할 수 있다. 실수를 인정하고 해결한 후 그 실수를 반복하지 않으면 고객은 절대 떠나지 않는다. 실수를 덮으려 하는 것이 가장 치명적인 실수이다.

세상 모든 것을 디자인하라
박 준 완

오늘도 박 사장은 이렇게 직원들에게 외친다.

"여러분, 누구나 실수 한두 번 할 수 있습니다. 다만 실수했을 때, 어떻게 변명할까를 고민하지 맙시다. 빨리 인정하고, 어떻게 해결할 수 있을까를 고민합시다."

사장은 핑계대지 않는다
책임질 뿐이다
때론 책임지지 않아도 될 일까지

박준완 사장에게 물었다.

"사업을 하고 싶어 하는 사람들에게 가장 먼저 해주고 싶은 이야기가 무엇인가요?"

"음…. 핑계를 댈 거면 사업 시작하지 말라는 얘기를 하고 싶어요. 미련한 오너는 핑계를 대고, 진정한 오너는 책임을 지죠. 사장이란 직원은 물론 제품, 고객사, 그리고 때로는 책임지지 않아도 될 일까지 책임질 줄 아는 사람이어야 한다고 생각합니다."

몇 년 전, 중국에서 기업 전시 행사가 있었다. 아르스앤이 새로 거래를 트게 된 기업의 부스 디자인 및 설치를 맡았다. 거래 기업의 제품이 전시장에 도착하면 미리 디자인된 부스에 제품을 배열하기만 되는 비교적 쉬운 일이었다. 하지만 신규 고객사의 일이고, 해외에서의 작업이기에 그도 열 일을 제치고 현장에 참여했다. 그런데 문제가 발생했다. 아르스앤 작업의 문제가 아니라 통관 과정에서 문제가 생긴 것이다.

상식적으로 이해 안 가는 일들이 많이 발생하는 것이 중국 통관이라는 것을 몇 번의 경험을 통해 잘 알고 있던 박 사장은 소식을 듣자마자 모든 네트워크를 동원해서 문제를 해결하려 애썼다. 사실 통관 문제는 다른 업체의 소관이었지만 그렇다해서 방관할 수는 없었다. 고객사의 물건이 전시장으로 오지 못하면 전시도 의미가 없어지기 때문이다. 다행히 전시 시작 전에 물건이 도착했고, 무난히 전시회를 치를 수 있었다. 물론 그 기업과는 지금도 거래를 유지하고 있으며, 당시 담당 직원과 임원은 그를 평생의 은인으로 생각하고 있다.

인도네시아 전시회에서는 이런 일도 있었다. 아르스앤이 맡은 부스는 이미 설치가 끝났는데, 문제는 다른 부스들이었다. 인도네시아 현지인들에게 맡긴 다른 부스의 설치 작업이 너무 늦어져 제 시간에 전시를 시작할 수 없게 된 것이다. 인도네시아 현지인 특유의 만만디(천천히 하기) 습성 때문이었다. 박 사장은 자신의 회사가 맡은 일이 아닌데도 직접 사다리를 타고 올라가 현장을 지휘하며 작업에 박차를 가했다. 아르스앤이 맡은 부스에서만 전시를 할 수는 없는 일이지 않는가. 결국 전시는 정해진 때 시작할 수 있었다. 박 사장이 당시 작업하던 모습은 고객사 임원들에게 목격되었고, 그 후로 신년이 되면 인도네시아 전시를 총괄했던 고객사의 인도 법인장이 그에게 먼저 새해 인사를 건네올 정도로 지금까지도 그때의 일을 고마워하고 있다.

지금 이 순간에도 박준완 사장은 세상을 아름답게 만들기 위해 노

세상 모든 것을 디자인하라
박 준 완

력하고 있다. 고등학교 2학년 때 느끼고 스스로 결심했던 그 약속을 지키기 위해.

(주)아르스앤

(주)아르스앤은 퀄리티 있는 디자인과 공간을 돋보이게 해주는 아이템을 기획·디자인·제작하는 종합 디스플레이 전문 기업이다. 인테리어, 전시, POP, Sign, VMD 각 분야의 기획자, 디자인 전문 인력과 생산 라인을 구축하여 맨 파워를 발휘하며, 강력한 팀워크로 프로젝트의 시작부터 끝까지 진단하고 관리 및 협력·지원한다. 현재 국내외 유수 기업들과 신뢰를 쌓으며 장기적 파트너십을 이어가고 있다.

(주)아르스앤은 점점 다양해지는 광고 방식에 맞추어 시장을 세분화하는 BTL 마케팅을 통해 파트너나 소비자와의 쌍방향 소통을 시도한다. 이를 바탕으로 무엇으로 할지, 무엇이 어울릴지 고민하는 그들의 성향을 분석한 스타일을 제안한다.

또한 그동안의 많은 노하우를 기반으로 디스플레이용품을 개발하여 자사 디스플레이 브랜드인 popSOM(광고용품), boardSOM(화이트보드, 디자인 액자)을 론칭하며 B2C 시장에 진입하여 성공을 거두었고, 향후 eduSOM(교육용품)과 inSOM(인테리어 소품)의 브랜드 론칭을 준비하고 있다.

트렌드 없는 것이 트렌드

이종린
메디슨브랜드

나이 서른둘에 단 세 명으로 시작한 회사를
6년 만에 300명의 직원을 둔
강소기업으로 성장시킨 이종린 사장.
하지만 2016년 가을에 돌연 회사를 정리하고
2017년 시작과 함께
자그마한 스타트업 기업을 꾸렸다.
그는 이제 조그만 사무실 공간을 임대하여
네 명의 직원과 함께 새로운 출발을 했다.
출근하면 직원들과 함께
사무실 청소부터 시작한다.
다섯 명이 일하기에 그리 좁은 공간이 아니지만,
따로 사장실을 마련하지 않았다.
심지어 사장 책상도 따로 없다.
직원들과 끊임없이 소통하고 섞이기 위함이다.

잘되던 회사를 접고
다시 무無에서 시작하기로 한
그의 이런 결정은 어디에서 비롯된 것일까.

트렌드 없는 것이 트렌드
이 종 린

이종린 사장은 불과 몇 달 전만 해도 꽤 알려진 기업의 대표였다. 2010년 그의 나이 서른둘에 세 명의 직원과 함께 사업을 시작하여, 6년 만에 300명의 식구를 거느리는 강소기업으로 성장시켰다. 하지만 2016년 가을, 돌연 회사를 정리하고 2017년 1월, 정유년의 시작과 함께 '메디슨브랜드'라는 스타트업 기업을 새로 꾸렸다.

　기업 정리의 이유로 흔히 꼽을 수 있는 매출 저하, 상장 심사 탈락 외에 아주 중요한 것이 있었다. 대학생 때부터 현재까지 20년 가까이 장사와 사업을 해보니, 돈도 돈이지만 '과연 그 일을 하면서 나는 행복했는가?', '그 일이 얼마나 가치 있고 의미 있었는가?'에 대한 물음에 스스로 명쾌하게 대답할 수 없었다는 사실이었다. 그것이 그는 늘 괴로웠다. 하면 할수록 행복해지는 일을 해보고 싶었다. 그래서 새로 시작하는 회사의 아이템은 그런 부분들을 충족시켜주는 것이어야 했다.

　다행인 것은 이미 이전 기업에서도 조금씩 준비를 해오고 있었다는 것이다. 회사를 정리하고 새로 시작하는 혼란스런 분위기에서도 큰 흔들림 없이 진행할 수 있었던 이유다. 메디슨브랜드의 출발은 이종린 사장이 2010년에 시작했던 작은 회사의 첫 모습과 많이 닮아 있다. 직원은 그를 포함해 총 다섯 명이다. 사장실이 따로 없는 조그만 사무실이다. 게다가 6년쯤 후의 목표도 비슷하다. 그는 6년 만에 직원 500명의 회사를 만들 각오다. 다만 회사가 커진다 해도 지난번처럼 경영하지는 않겠다고 다짐한다.

두 번째 도전의 출발점에 서 있는 그의 앞으로의 계획과 직전 기업을 통해 느낀 점, 그리고 그가 중요하게 생각하는 '가치와 의미'는 무엇인지 궁금해진다. 그리고 이 책에 등장하는 다른 사장들의 이야기와는 조금 다른 분위기가 예상된다.

'이렇게 했더니 좋은 것 같았는데 사실은 아니었다.'와 같은….

트렌드를 좇아서

이종린 사장은 야간 대학생 시절 시작한 '휴대폰 판매 대리점'부터 메디슨브랜드까지, 지금까지 총 여섯 번의 창업을 경험했다. 메디슨브랜드를 제외한 다섯 번의 사업에는 공통점이 있다. 그것은 모두 트렌드를 좇아 시작했다는 것.

흑백 폰에서 컬러 폰으로 시장의 큰 변화가 생기며 소비자들이 휴대폰에 열광하기 시작했을 때 모교 앞에 휴대폰 대리점을 시작했고, 온라인으로 플라워 숍이 활성화될 때는 화원을 운영했다. 당시, 화원은 태풍 '매미'의 영향으로 애로사항이 많았다. 다음에 이어 네이버까지 등장하며 중소기업들 사이에 웹 디자인 열풍이 불었을 때는 웹 디자인 학원을 차려 적지 않은 돈을 모았고, 영화 〈타짜〉의 포스터 글씨 한 자가 수백만 원의 가치가 있을 때에는 수도권을 제외하고 전국 최초로 부산, 경남 지역에 캘리그라피 학원을 설립하는 등 끊임없이 유행을 좇아서 사업을 했다.

캘리그라피 학원을 운영하고 있던 때, 좀 더 트렌디한 강사를 영입하기 위해 서울에 올라온 그는 서울이라는 차원이 다른 세상과 그동안 해오던 자신의 사업에 한계를 느끼고 소위 큰물에 몸이라도 담가보겠다는 마음으로 휴대폰 제조 기업에 입사한다. 그런데 그때, 아이폰이 한국에 들어오게 되었고, 아이폰에 열광하는 소비자들을 보고 또 다시 그의 '트렌드 좇기 본능'이 살아났다. 어린 시절부터 좋아했던 디자인 기업을 만들어 휴대폰 케이스 제조업을 시작하게 된 것이다.

그의 회사에서 만든 휴대폰 케이스는 누적 판매량 3000만 개라는 전무후무한 기록을 세우게 된다. 이에 그치지 않고 유아용품 트렌드가 북유럽 스타일인 것을 알고나서는 북유럽 스타일의 자체 유아용품 브랜드를 개발하고, 자연을 모티브로 한 주얼리가 유행하자 장미가시 디자인의 보석 브랜드를 론칭했으며, 오가닉이 트렌드가 되자 아예 유기농 마트를 차리기도 하는 등 정말 쉬지 않고 유행을 따라, 돈 되는 일을 좇아 사업을 해왔다.

새롭게 소비자들의 관심을 끄는 트렌드를 빨리 발견하고 그것을 아이템으로 사업화시킨 덕에 회사의 규모는 점점 커져갔지만, 시간이 흐를수록 소비자의 트렌드 변화 주기가 짧아지기 시작했다. 길면 3년도 넘게 이어지던 유행이 요즘은 심한 경우 1~2개월만 반짝하고 지나가버리는 경우가 허다하다.

회사 성장의 결정적 계기였던 휴대폰 케이스 판매도 '단통법(휴대전화유통구조 개선법)' 시행 이후 급격히 감소하기 시작했다. 사람들이 휴대전화를 자주 바꿔야 케이스 판매도 꾸준히 이어질 텐데, 소위 공짜 휴대폰이 사라지니 사람들이 예전처럼 자주 휴대폰을 바꾸려하지 않았기 때문이다. 뿐만 아니라 야심차게 만든 북유럽 스타일의 유아용품 자체 브랜드도 더 이상 트렌디하지 않았고, 설상가상으로 2016년 가을 이후 나라가 혼란스러워지자 아예 트렌드라는 것이 사라지게 되는 듯함을 느낄 정도였다.

그리고 트렌디한 브랜드의 론칭 이후 사업이 잘될 때에도 그의 양심에 걸리는 부분이 있었다. 아이폰 케이스 제조 전문 브랜드로 론칭한 'I-face'나 북유럽 스타일 유아용품 브랜드인 '스칸디나 파파' 등을 소비자들은 외국 브랜드인 줄 알았다는 것. 이러한 소비자 인식이 신규 브랜드로서의 매출과 성장에는 분명 기여했을 것이다. 하지만 이종린 사장과 기업의 자존심 측면에서는 안타깝기만 했다. 그때 결심한 것이 언젠가는 '한국적인 브랜드를 만들겠다', 그리고 '일시적인 유행을 타지 않는 지속 가능한 아이템으로 승부하겠다'는 두 가지 다짐이었다.

이것이 경영해오던 기업을 정리하고 새로운 출발을 하게 된 이종린 사장의 새로운 아이템이 바로 '한국의 전통'인 이유다. 이전 기업을 운영하던 때에도 그는 전통시장에 대한 관심이 많았다. 품질은 좋은데 소비자가 외면하는 현실이 안타까워서 전통시장 리뉴얼 작업을 꾸준히 사회 공헌 활동으로 해왔던 그가 이제 본격적으로 '전통의 대중화·현대화' 작업에 나서기로 한 것이다.

'전통'을 주제로 그가 가장 먼저 시작한 일은 '우리 전통주酒'의 현대화다. 지금은 수입 쌀이 넘쳐나고 우리 쌀이 남아도는 상황이다. 서구화된 식습관과 다양하게 발전한 외식문화 등으로 이미 쌀 소비량의 감소는 심각하다. 이와 같은 우리 농가의 문제도 해결할 뿐 아니라, 맥주, 양주, 와인 등 외국 술은 글로벌한 브랜드가 있는데 비해 우수한 우리 전통 술은 우리나라 사람도 외면하는 현실을 바꾸어보자는 야심찬 계획을 세운 것이다.

대신 소비자들에게 대중적으로 다가갈 수 있게 현대적인 디자인을 만들어내는 데 많은 시간과 노력을 할애했다. 그리고 우리 전통 제품의 장점이자 단점인, 질은 좋지만 대량 생산이 불가능한 점을 개선하기 위한 연구에도 박차를 가해 좋은 질의 제품을 쉽게 많이 만들어낼 수 있게 했다.

트렌드가 없는 것이 트렌드임을 누구보다 잘 알고 있는 이종린 사장의 첫걸음이 드디어 내디며

진 것이다. 증류주, 소주, 막걸리, 스파클링 소주 등 종류도 다양화해서 반드시 전통주 히트 상품을 만들어내겠다는 각오다.

이어서 '한복' 아이템도 준비하고 있다. 전통한복, 개량한복, 생활한복으로 진화해온 그동안의 시도에 훨씬 더 대중화되고 현대화된 디자인을 입히고 있다. 평소 입고 다녀도 전혀 낯설지 않으면서 전통의 깊이가 녹아들어 있는 옷을 개발 중이다. 또한, 전통차의 대중화·현대화 작업도 이미 시작되었다. 영국의 TWG, 중국의 보이차보다 훨씬 더 깊이 있는 '우리의 차茶'가 소비자에게 다가갈 준비를 하고 있다.

그는 전통의 대중화·현대화 사업의 이익 일부를 우리 전통 문화예술계에 기부할 계획도 세워놓고 있다. 메디슨브랜드의 매출 일부를 꾸준히 우리 문화재 복원, 무형 문화재 처우 개선, 신진 전통 공예 디자이너 지원, 전통 박물관 활성화 등에 기부할 계획이다.

아마도 그의 새로운 아이템, 우리 것의 현대화·대중화가 성공한 다음에 이어질 아이템 또한 결코 트렌디하지 않을 것 같다.

복지福祉보다
교감交感 먼저

직원 300명이 넘는 강소기업을 경영했던 이종린 사장은 창립 7년 차 되던 해에 파격적인 혜택을 임직원에게 제공했다. 바로 주 4일 근무 시스템. 회사가 가파르게 성장한 것이 모두 구성원들의 덕분이라고 생각한 파격적인 아이디어였다.

반대하는 임직원들이 꽤 있었지만 그는 확신했다. 주 4일제를 실시하면 직원들의 애사심이 깊어지고 일의 능률과 집중력이 향상될 뿐만 아니라, 쉬는 날이 많아져 직원들의 개인적 자기계발에도 도움을 주어 결과적으로 회사에 보탬이 될 것이라고 생각했다. 하지만 결과는 그다지 좋지 않았다. 그렇다고 주 4일제 자체에 문제가 있었던 것은 아니었다. 주 4일제에 대한 임직원들의 생각을 제대로 알아보지 않고 무작정 실시한 것이 잘못이었다. '복지'라는 기업의 원칙과 목표가 문제였던 것이 아니라, '교감'하지 않고 사장이 홀로 제안한 복지 제도가 문제였던 것이다.

나중에 안 사실이지만, 창립 초기부터 함께한 임직원들에게는 주 4일제가 이 사장의 의도대로 다가간 반면, 입사 2년 미만의 임직원들에게는 '참 놀기 좋은 회사' 이상의 의미로 느껴지지 않았다.

주 3일의 쉬는 날에다 앞뒤로 휴가를 붙여 여행을 떠나버리는 직원들이 종종 생기는 바람에 업무가 마비되는 경우가 발생하고, 중요한 업무가 있는 시기에는 그러지 말아달라 부탁하니 돌아오는 대답은 '그럼 이게 무슨 주 4일제냐'라는 반응이었다. 오히려 이 제도를 시행하기 전보다 회사와 직원들과의 관계가 불편해지기 시작했고 더 이상 유지할 수 없는 상황까지 이른 것이다. 돌이켜보니 주 4일제를 반대했던 임직원의 대부분은 회사 창립 초기부터 동고동락했던 장기 근속자들이었다. 회사가 겪어온 그동안의 굴곡을 함께하지 않고 이미 커져버린 회사의 외형과 복지에 매력을 느끼고 입사한 직원들에게는 애사심이 깊어지

는 효과보다 주어지는 혜택을 누리는 데 치중하려는 부작용이 크지 않을까 하는 걱정을 그들은 이미 했던 것이다. 그리고 만약 상황이 나빠져 제도를 철회하거나 축소했을 때의 부작용 또한 염려되었던 것이다.

사장과 적지 않은 시간 동안 교감하며 회사를 이끌어왔던 장기 근속자들의 걱정은 현실이 되었고, 회사 상황이 안 좋아지자 회사에 등을 돌리는 직원들이 늘었다. 주 4일제의 부작용, 급변하는 트렌드로 인한 매출 감소, 주식시장 상장 심사 탈락 등의 여러 이유로 결국 이종린 사장은 회사의 각 브랜드를 매각하고 정리했다.

회사를 정리하고 새로운 사업을 준비하는 기간은 지난 7년여를 돌이켜보는 소중한 반성의 시간이기도 했다. 처음의 마음과 달리 규모가 점점 커지면서, 어느 순간부터 신입사원 면접과 퇴사하는 직원의 면담을 소홀히하게 되었던 점, 임직원들이 어떤 것에 힘들어하고 또 어떤 것에 기뻐하는지 가슴으로 느끼려 하지 않고 머리로만 예측해 복지라는 방패를 앞세워 위안 삼았던 점. 회사를 매각하고 정리하지 않았다면 결코 느낄 수 없었던, 여러 가지 깨달음을 얻을 수 있었던, 힘겨웠지만 값지고 소중한 시간이었다.

그는 이제 조그만 사무실 공간을 임대하여 네 명의 직원과 함께 새로운 출발을 했다. 출근하면 직원들과 함께 사무실 청소부터 한다. 회사가 커져도 사무실 청소는 위탁업체에 맡기지 않을 생각이다. 다섯 명이 일하기에 그리 좁은 공간이 아니지만, 따로 사장실을 마련하지 않았다. 심지어 사장 책상도 따로 없다. 직원들과 끊임없이 소통하고 섞이기 위함이다.

수행비서까지 합하면 비서만 네 명이었던 이전 회사에서처럼 '사장 코스프레'는 하지 않겠다고 결심했다. 보고만 받는 사장이 되지 않을 것이다. 직원이 500명이 되어도 전 직원과 소통할 것이고, 사장이 꼭 해야 할 일은 임원들에게 위임하지 않고 직접 할 생각이다.

기획실장의 처남이 공무원 시험에 합격한 것을 축하하고, 수석 디자이너가 지난 주말 소개팅에서 만난 남자로부터 애프터 신청을 받은 이야기로 웃음꽃이 피는 지금의 하루하루. 그는 이러한 하루가 너무나 소중하며 행복하다.

사장
얼마면 할 수 있을까

이종린 사장이 강연을 하게 될 때, 가장 많이 받는 질문 중의 하나가 바로 '창업자금은 얼마였으며, 그 자금은 어떻게 마련했느냐'이다. 때로는 아예 정부 지원을 받는 것이 좋은지, 은행 대출 혹은 부모님이나 지인들에게서 도움을 받는 것이 더 나은지를 질문받을 때도 있다.

그때마다 이사장은 웬만하면 어렵더라도 스스로의 힘으로 시작하라고 답한다. 그래야 그다음이 쉬워진다고 덧붙인다. 정부의 지원이나 은행으로부터의 대출, 가족과 지인의 도움은 나중에 생각하라고 조언한다.

그가 처음 사업을 시작할 때도 그랬듯이 아이디어와 열정만 확실하면 얼마든지 주변 도움 없이 출발이 가능하다고 생각한다. 그리고 힘들지만 스스로 시작하면, 그 과정에서 경험하게 되는 여러 가지 고민과 노력들이 사업을 이끌어가는 데 중요한 자양분이 될 것이고, 성장에 뒤따르게 되는 부작용을 최소화할 수 있는 열쇠가 될 거라고 믿는다.

실제로 그가 그동안 해왔던 여섯 번의 사업 중 단 한 번도 대출이나 주변의 투자로 시작한 것이 없다. 주변의 도움을 받으면 좀 더 쉽고 빠르게, 그리고 더 크게 일을 벌일 수는 있지만 무너지면 다시 시작하기 어렵다고 생각했기 때문이다. 스스로 시작했다가 무너지면 주변 도움을 받아 일어날 수 있겠지만 처음부터 도움을 받아 시작했다 무너지면 다시 도움을 받기도, 스스로 일어나기도 어렵다는 것이다.

자체 브랜드 서너 개를 보유하고 있는 디자인 그룹을 경영해보고나니, 매출의 크기와 행복은 상관없다는 생각을 하게 되었다. 매출이 아무리 커져도 느껴지는 보람과 비례하지는 않았다. 스스로가 만족하면 그것이 행복인 것이다. 규모의 경제에 예민해지지 않기를, 작지만 보람을 느끼는 일에 매진하다보면, 매출은 자연히 따라오는 것이라는 믿음이 생겼다.

최고가 되고서야 알게 되었다. 최고의 자리를 지키는 것이 얼마나 힘든 일인지, 그리고 그러기 위해 잃어야 하는 소중한 것들에 대한 아쉬움이 얼마나 큰지를 깨달았다. 세계 1위, 국내 1위, 업계 1위가 되려고 하기보다 그 분야에서 작지만 뚜렷한 한 획을 그을 수 있는 회사를 만들 수 있다면 만족하기를 바란다. 작은 것에도 만족할 수 있는 생각만 가지고 있다면 당신도 얼마든지 남의 도움 없이 '사장'할 수 있다.

박물관 안에만 있으면
무슨 소용일까

얼마 전 일본의 한 기업이 백자 도자기 디자인의 가습기를 출시하여 폭발적인 반응을 얻었다. 그가 앞으로 하고자 하는 일이 바로 그런 것이다. 가치 있고 의미 있는 것을 현대화하여 대중에게 보급하고자 한다.

장인이 오랜 시간 공을 들여 만든 자개장이 좋은 것은 누구나 다 알고 있다. 하지만 너무 비싸고 오랜 시간이 걸리며 무엇보다 많이 만들어 낼 수가 없다. 현대적 감각의 디자인을 가미하고 대량 생산이 가능한 방식을 연구해야, 소비자들에게 적절한 가격으로 많은 양을 공급할 수 있다.

한복이 아름답다는 것에는 누구나 공감하지만, 평소에 입기에는 좀 불편하고 어색하다는 것에도 고개를 끄덕이게 된다. 한복의 장점을 살리고 단점을 보완한 제품을 개발해 가치와 의미를 살리면서 디자인, 편리성, 기능성까지 만족시키는 옷을 부담스럽지 않은 가격에 선보이는 일도 준비 중이다. 한복에서 모티브를 얻은 글로벌 대중 패션 브랜드를 꿈꾸고 있다. 유니클로나 자라 같은 브랜드를 우리라고 왜 못 만들겠는가?

전통을 살리는 것은 훌륭한 일이다. 이를 위해서는 대중화·현대화가 반드시 필요하다. 박물관에 찾아가서 잠시 감탄을 연발한 후 평소에는 잊고 사는 우리의 아름다운 전통 문화의 장점들을 각종 생활용품, 전자제품, 사무용품 등에 접목시키는 일이 앞으로 그가 하고자 하는 일이다.

사실 당장의 돈만 좇으면 할 수 없는 일들일 것이다. 그렇기에 남들이 잘 손대지 않는 경쟁력 있는 블루오션이라는 장점도 있으며, 누군가는 해야 할 사명과 같은 일이기에 오늘도 이종린 사장은 우리 전통이 살아 숨 쉬는 이곳저곳을 누비고 다닌다.

트렌드 없는 것이 트렌드
이 종 린

메디슨브랜드

2017년 1월 정유년 새해에 창립한 디자인 전문 회사다. 메디슨브랜드 (Medicine Brand)는 브랜드를 보호하고 치료한다는 의미로, 현재 세대가 살아가면서 다음 세대에게 전해줄 유산을 우리 전통문화에서 찾고자 한다. 가장 한국적인 디자인을 현대적으로 해석하고 경험하여 미래에도 지속가능하게 한다는 경영 이념과 좋은 브랜드가 좋은 직장을 만들고 좋은 회사를 만든다는 경영 목표를 바탕으로 현재 전통주, 전통차, 코스메틱(기초 화장품, 향수), 패션(생활한복), 핸드백을 만들고 있다. 앞으로도 우리 전통 문화가 지닌 장점을 다양한 생활용품과 전자제품, 사무용품 등에 접목시켜 사업 영역을 넓혀갈 계획이다.

현재 서울 연희동 사옥에서 다섯 명의 직원이 2017년 한 해 동안 '자기다움'이라는 슬로건과 '나눔'에 기반을 둔 기업 문화를 내세우며 한국적인 소재와 콘텐츠를 재해석하여 소비자와 미래 세대에게 가치를 전달하고자 노력하고 있다.

PART 3

세상의
편견을
깨야 할 때

여자라서 좋다

강혜근

코베아

"캠핑용품이라는 것이 여성과 거리가 먼
제품같지만, 사실 어떤 제품보다도
여성의 섬세함과 꼼꼼함으로 만들어야
고객의 안전을 담보할 수 있거든요.
엄마가 아이가 먹고 쓰고 하는
모든 것에 신경 쓰듯이 오로지 고객만을 생각했어요.
기술적으로는 제가 문외한일지 몰라도 여자의 육감,
엄마의 감각은 결코 사소한 게 아니거든요.
처음엔 무시하거나 제 말에 귀 기울이지 않던 직원들도
테스트 결과나 소비자의 반응을 보고
조금씩 바뀌게 되더라고요."

세월호 사건과 메르스 사태와 같은
위기를 겪고서도 5년 연속
'소비자가 선정한 최고의 브랜드'
1위를 유지할 수 있었던 것은
바로 최고의 품질과
소비자의 신뢰를 최우선으로 생각하는
그녀만의 변치 않는 믿음과 실천에서 비롯됐다.

여자라서 좋다
강 혜 근

경쟁이 치열한 캠핑용품 시장에서 한국 토종 브랜드로서의 자존심을 지켜온 것은 물론, 2013년부터 2017년 현재까지 5년 연속 '소비자 선정 최고의 브랜드' 1위를 놓치지 않고 있는 코베아. 이 코베아호를 이끌어가고 있는 선장은 과거에 거친 운동을 좋아하다가 이제는 주말마다 가까운 산을 찾는 중년의 남성도, 최신 트렌드를 빠르게 파악하고 급변하는 소비자의 기호에 맞게 신상품을 만들어내는 뛰어난 감각의 젊은 사장도 아니다. 길을 가다가 우연히 마주쳐도 왠지 그냥 인사하고 싶어지는 친절한 옆집 아주머니 같은 푸근한 인상의 여성 CEO 강혜근 회장이다.

　　2011년 10월, 지병으로 세상을 떠난 남편 대신 하루아침에 주부에서 사장으로의 변화를 감당해야 했던 그녀. 2014년 세월호 사건과 2015년 메르스 사태로 인해 사람들의 야외 활동이 급감했던 위기에 직면한 적도 있었지만, 힘든 시기를 이겨내고 지금까지 꿋꿋하게 회사를 이끌어오고 있다. 대한민국을 대표하는 장수 브랜드로서 수입 브랜드와의 경쟁 속에서도 코베아에 대한 소비자들의 신뢰는 변치 않고 있다.

강혜근 회장의 이야기를 통해 사장으로서, 특히 여성 경영자로서 힘들었지만 더 잘해낼 수 있었던 비결을 들어보기로 하자.

일은 책상이 아닌
현장에서 하라

코베아는 캠핑 문화가 대중화되기 전인 1980년대 초반, 소규모 등산용 버너 제조업으로 출발해 명실공히 대한민국을 대표하는 종합 캠핑 레저 기업으로 발전했다. 창업자인 고故 김동숙 전 회장이 창업 이래 줄곧 이끌어오다가 2011년 지병으로 세상을 떠나게 되면서 강혜근 회장이 회사를 맡게 되었다. 그야말로 강 회장은 하루아침에 주부에서 사장이 된 것이다.

물론 코베아의 창업 초기, 기술과 성실함 하나로 묵묵히 일하는 남편을 돕기 위해 집안일 외에도 틈틈이 제품의 디자인이나 컬러에 관한 조언은 물론, 스티커 붙이기, 자금 조달 등의 역할을 해본 적이 있었다. 하지만 사업이 안정된 이후로는 집안일만 신경써온 세월이 30년이었기에 그녀는 사실상 태어나 난생 처음 사장이 된 것이었다.

요즘도 한 주에 한 번 이상은 남편을 찾아 그리움을 달래는 강 회장이기에 당시의 슬픔은 이루 말로 표현할 수 없을 정도였다. 하지만 슬퍼만 하고 있을 수만은 없던 상황. 선대 회장의 빈자리를 빨리 메우지 않으면 회사가 혼란에 빠지게 된다는 건 분명했다.

무엇부터 해야 할지 참으로 난감한 상황이었지만, 강 회장은 여성 특유의 차분함으로 계획을 세우기 시작했다. 지금도 그렇지만 당시 코베아에는 규모가 꽤 큰 세 군데의 자체 공간이 있었다. 물류센터와 임직원들의 사무실이 있는 공간, 창업 초기부터 이어온 스토브(버너) 제조 공장, 전문가용 산악용품 제조 공장이었다.

강 회장은 회사를 맡고 난 후 1년여 동안, 아침에 출근하면 책상에서 잠시 서류를 점검한 후 바로 세 곳의 현장을 돌았다. 처음엔 모든 것이 낯설고 어색했지만 날이 거듭되면서 서서히 익숙해지기 시작했다. 전문 경영인과 현장 임직원들과의 끊임없는 소통을 통해 모르는 것을 배워나갔다. 또한 까다로운 소비자 입장에서의 날카로운 지적도 잊지 않았다. 남편이 이루어놓은 것에 해가 되지는 않게 하겠다는 일념으로 임직원들이 모두 쉬는 휴일에도 가능하면 현장에 나갔다. 특별한 일이 없어도 매일 현장을 둘러보는 것만은 지켜나갔다.

2011년 가을 즈음, 전문 경영인이 사정상 회사를 떠나게 되었는데도 흔들림 없이 코베아를 이끌어갈 수 있었던 것은 1년 동안 현장에서 익힌 감각 덕분이었다. 책상에 앉아 서류만 훑으며 보고받으면서 머리로 이해하지 않고 직접 몸으로 익혔기에 가능했던 것이다.

엄마는 이미
가정의 사장

강 회장에게 있어 회사 경영은 정말 완전히 새로운 일이나 다름없었다. 낯선 일을 갑자기 하면서 너무 긴장을 한 데다가 쉼 없이 강행군을 한 나머지 결국 몸에 이상이 오기 시작했다. 특히 이석증 때문에 한동안 일을 쉬어야 하는 상황까지 이르렀지만 그녀는 약을 먹고 버티며 업무를 이어나갔다.

"아무래도 여성으로서 큰 회사를 끌어가기가 여러모로 쉽지 않으셨죠?"

무언가 위로의 말을 건네야할 것 같아 던진 짧은 나의 질문에 그녀는 편안한 미소를 지으며 길게 대답했다.

"글쎄요. 아무리 강하고 젊은 남성이었어도 당시 저와 같은 상황에 놓였다면 쉽지 않았을 거예요. 오히려 제가 여성이었기에, 그리고 아줌마였기 때문에 잘 이겨낼 수 있었던 같아요. 남성보다 물리적인 힘은 뒤질지 몰라도 정신력만큼은 여성이 만만치 않거든요. 그리고 아이 키우고 남편 보내고 하면서 웬만한 어려움엔 내성이 생겨서 무감각해지기까지 한 것 같아요.

그리고 캠핑용품이라는 것이 여성과 거리가 먼 제품 같지만, 사실 어떤 제품보다도 여성의 섬세함과 꼼꼼함으로 만들어야 고객의 안전을 담보할 수 있거든요. 엄마가 아이가 먹고 쓰고 하는 모든 것에 신경 쓰듯이 오로지 고객만을 생각했어요. 기술적으로는 제가 문외한일지 몰라도 여자의 육감, 엄마의 감각은 결코 사소한 게 아니거든요. 처음엔 무시하거나 제 말에 크게 귀 기울이지 않던 직원들도 테스트 결과나 소비자의 반응을 보고 조금씩 바뀌게 되더라고요."

그리고는 엄마의 마음으로 경영한 것이 들어맞은 여러 가지 실례를 이어 들려주었다.

강 회장이 현장을 돌며 제품들을 꼼꼼히 살피던 중, 신제품 텐트의 기둥이 되는 폴대의 굵기가 왠지 얇아보여 담당 직원과 상의한 적이 있었다. 너무 얇은 것 아닌지 묻는 강 회장에게 직원은 그동안 아무런 문제가 없었던 충분한 굵기라고 장담했고, 문제가 생기면 자신이 책임을 지겠다고까지 해서 더 이상은 이야기를 이어가지 않았지만, 거짓말처럼 그해 여름 불어닥친 강한 비바람에 폴대가 부러지고 텐트가 날아가는 사고가 현장에서 일어났다. 결국 굵은 폴대로 다시 만들어 전량 무상 교체를 단행하고 이 문제를 수습할 수 있었다.

그 일이 있은 후부터는 상품 기획 단계에서부터 강 회장의 엄마 마음이 지속적으로 이어졌다. 이번엔 캠핑용 의자 신제품 샘플을 보면서 있었던 일이었다. 아이들을 키우며 헤진 옷을 꿰매어 다시 입힌 경험이 누구보다 많았기 때문에 천과 관련해서는 동물적 감각을 지닌 그녀였다. 캠핑용 의자 샘플을 자세히 살펴보니 폴리에스테르 원단을 자를 때 잘린 부분을 불로 코팅하고 마무리하는 처리(강 회장은 '불칼질'이라는 표현을 썼다)가 잘 되지 않은 것이 보였다.

캠핑용 의자라는 것은 앉을 사람이 정해져 있는 것이 아니기에 누가 앉아도 견디려면 견고해야 하는데 그것이 부족해보여 담당자에게 의견을 제시했다. 담당자는 100킬로그램 가까이 나가는 자신이 뛰었다가 앉아도 안 찢어진다고 장담하며 고집을 부렸다. 바로 실험해 보이겠다며 그 자리에서 살짝 점프한 후 의자에 앉은 담당자. 그리 높이 점프를 하지 않았는데도 의자의 원단은 찢어지고 말았고, 이어진 두 번째 실험에서도 같은 결과가 나왔다. 결국 미리 만들어져 있던 열다섯 개의 샘플을 모두 다시 만들어야 했다. 이번에도 강 회장의 판단과 점검이 사고를 미연에 예방한 셈이었다.

그 외에도 루프백(자동차 지붕 위에 캠핑 장비들을 실을 수 있도록 만든 백)의 이음선, 각종 제품들의 쇠 절단면의 부드러운 마감 처리에 대한 체크 등, 강 회장의 섬세함과 동물적인 직감이 제품에 반영된 예가 많았다.

강 회장은 이제 6년 차 사장이다. 지금은 6년 전처럼 매일 세 곳의 현장을 돌지는 않는다. 그러다보니 사무실에서 근무하는 경우가 많은데 회사의 재무 회계와 관련된 보고 및 결제 업무 외에는 웬만하면 직원을 회장실로 부르지 않으려고 노력한다. 일하고 있던 사람이 일을 멈추고 자신에게로 오게 되면 업무의 흐름도 끊기고 자칫 시간을 허비할까 싶은 염려 때문이다.

"집에서 공부하는 아이에게 엄마가 과일을 주고 싶을 때, 아이를 식탁으로 부르지는 않아요. 엄마가 아이의 방에 가서 과일을 주며 격려하고 오잖아요. 회사 직원들을 보면 다들 아들딸처럼 느껴져요. 조금이라도 덜 불편하게 해주고 싶은 마음이 저절로 생겨요. 그리고 회장실에 혼자 앉아만 있는 것보다 여기저기 다니면 운동도 되고, 각기 다른 사무실 분위기도 느낄 수 있어 좋아요."

코베아에서는 매년 전국의 캠핑 마니아들을 초대하여 경기도 가평 자라섬에서 '코카프KOCAF'라는 대형 캠핑축제를 연다. 고객들에게 보답하는 차원의 행사인 데다가 신상품도 공개하는 경우가 많아서 축제의 반응이 아주 좋다. 하지만 강 회장에게는 항상 아쉬운 점이 있었다.

서울과 강원 지역에서 오는 고객들은 편하겠지만, 경상도나 전라도 지역에서 자라섬까지 오려면 여간 힘든 일이 아닐 것 같았다. 축제에 오고 싶지만 오기엔 힘들고, 그래서 포기하거나 온다 하더라도 너무 힘들게 참석하는 고객들을 생각하면 늘 안타까웠다.

특히 식구들을 위해 장거리 운전을 불사해야 하는 아빠들과 긴 시간을 차 안에서 보내야 하는 아이들을 생각하니 또 엄마로서의 애잔한 마음이 생겼다. 그래서 2015년부터는 자라섬 외에도 1년에 서너 번, 각 지역별로 코카프를 추진하고 있다. 반응은 당연히 폭발적이었다. 강 회장은 매년 여러 번 열리는 모든 코카프 기간 동안에는 전 일정을 함께하는 것을 원칙으로 한다. 회사가 아닌 현장에서 소비자들의 생생한 이야기를 듣고, 제품의 장점과 단점을 면밀히 파악할 수 있는 가장 좋은 기회이기 때문에 코카프 일정 중에는 절대 다른 스케줄을 잡지 않고 올인하고 있다.

강혜근 회장은 여성 중소기업 CEO 모임을 통해 다양한 여성 경영자들과 정기적인 교류를 하고 있다. 그중에는 마흔둘에 남편과 사별하고 남편이 경영하던 기업을 맡아 두세 배 이상 성장시킨 사장도 있고, 철강업, IT 기업 등 왠지 여성과는 어울리지 않을 듯한 업종의 사장들도 꽤 있으며, 스물여섯 살 때부터 사업을 시작해 남편은 살림을 하고 아내가 기업을 이끌고 있는 경우도 있다.

이제는 굳이 '여성 사장'이라고 구분 짓는 것이 어색한 세상이다. 오히려 여성이기 때문에 사장 역할을 더 잘할 수 있는 세상인 것 같다. 아내이자 엄마는 이미 한 가정의 사장이니까.

내게는
그들이 필요하다

"집에서 주부로 지내다가 회사에 와보니 주변에 사람이 많아요. 회사 안에도 사람이 많고 밖에서 만날 사람도 많고요. 그런데 참 희한하죠. 외로워요. 많은 사람들과 함께 상의하다가도 결정적 선택은 제가 해야 하니까요."

강혜근 회장은 사장은 외로운 존재라고 생각한다. 회사 생활 초기에는 하루에도 열두 번씩 먼저 떠나보낸 남편 생각에 눈물이 멈추지 않았다. 일이 힘들어서, 그리고 이렇게 외로운 생활을 이십여 년 넘게 해왔을 남편에 대한 고마움과 미안한 마음 때문에.

눈물만 흘리고 있을 수는 없기에 마음을 추스르고 다잡는 데 가장 도움이 됐던 것은 다름 아닌 성실한 직원들이었다. 주 5일 근무이므로 주말에는 회사에 직원들이 없는 것이 당연한데, 자발적으로 주말에 출근해 잔무를 처리하고 다음 주 해야 할 일을 준비하고 있었던 직원, 넉넉한 대우를 해주지 못했는데도 지금도 충분히 감사한 마음으로 일하고 있다고 이야기하는 직원, 사업 초보 강 회장을 경영의 전문가로 만들어줄 정도로 귀에 쏙쏙 들어오게 설명해주는 맡은 제품에 관한 한 박사급인 직원. 그런 직원들과 함께했기에 그녀는 외롭고 힘든 시기를 견뎌낼 수 있었다.

회사에 어느 정도 적응한 후부터는 직원들을 많이 살펴보았다. 배경도 좋고 업무 능력도 뛰어난 직원들이 꽤 많았다. 그런데 그중에는 무언가 성과가 있을 때마다 과한 흥정을 해오는 직원이 있었다. 처음 몇 번은 응해주었지만, 다른 직원들과의 형평성 문제도 있고, 앞으로도 계속 무언가 요구해올 것이 당연할 것 같아 나중에는 거절을 했다. 그랬더니 결국 그 직원은 회사를 떠났다.

회사가 높은 대가를 제공하면 사람은 많이 몰려들 것이다. 하지만 그들 모두가 회사에 꼭 필요한 사람은 아니다. 오히려 잠깐 머물다 떠나는 경우가 더 많을 수도 있다. 강 회장에게는 조금 더디게 발전한다 해도 묵묵히 회사를 위해 일할 수 있는 직원이 더 소중하다. 그래서 강 회장은 회사의 새 식구를 뽑을 때, 성실함과 우직함을 가장 중요하게 생각한다. 거기에 능력과 배경까지 우수하면 금상첨화겠지만, 그것을 성실보다 중요하게 판단하지 않는다. 외로울 수밖에 없는 사장 옆에 오래도록 함께 머물러줄 식구가 그녀에게는 필요하기 때문이다.

부메랑은
반드시 돌아온다

인터뷰를 이어가다보니 사무실 곳곳에서 보이는 코베아의 기업 로고의 의미가 궁금해졌다.

"저 로고는 무슨 의미인가요?"

"아, 부메랑이요. 제가 만든 것은 아닌데요. 의미가 참 좋아요. 소비자에게 좋은 제품을 제공하고 칭찬이라는 부메랑을 받겠다는 의미를 담은 거예요."

선대 회장 때부터 지켜온 기업 정신, '물건을 파는 것에만 연연하지 않고, 반드시 좋은 물건을 적절한 가격에 제공해서 소비자의 만족을 끌어내자'는 것이다.

강혜근 회장은 이러한 남편의 유지를 받들어 '100년 가는 기업'을 만들기 위해 애쓰고 있다. 비용이 좀 더 들더라도 보다 더 안전하고 세련된 제품을 만들어야 하고, 조금이라도 제품에 문제가 생기면 최대한 빠르

여자라서 좋다
강 혜 근

고 확실하게 보상을 해주는 것만큼은 직원 모두에게 항상 강조하는 사안이다.

이러한 원칙을 언제나 지키려고 항상 노력했기에, 세월호 사건과 메르스 사태와 같은 엄청난 위기 상황에 직면하게 되었을 때도 '소비자 선정 최고의 브랜드' 1위를 놓치지 않을 수 있었다.

강혜근 회장은 코베아를 이끌어가고 있는 한, 항상 이 원칙을 최우선에 둘 것이라 강조한다. 잠시라도 이러한 원칙을 어기는 순간, 소비자에게 날아갔던 부메랑이 흉기가 되어 돌아올 수 있기 때문이다.

코베아

코베아는 1982년 부탄가스 연소기 생산을 시작으로 35년간 다양한 캠핑용품과 등산용품을 제조해온 종합 캠핑레저 브랜드다. 아웃도어의 불모지였던 대한민국에서 야외용 가스버너부터 텐트, 코펠 등의 다양한 캠핑, 등산용품을 선보이며 국내외 인증 및 특허 획득을 바탕으로 전체 매출 가운데 해외 수출을 통해 차지하는 매출 비중이 40% 가까이 증가하면서, 세계 캠핑시장에서도 인정받는 명실공히 대한민국을 대표하는 캠핑 No.1 브랜드로 성장하고 있다.

캠핑 인구 300만 시대, 매년 35%의 놀라운 성장을 하고 있는 국내 캠핑시장에서 코베아는 연평균 30% 이상의 성장률을 보이며 대한민국 캠핑레저 산업을 발전시키는 데 일조하고 있다. 이러한 원동력은 지속적인 기술 개발과 노하우를 바탕으로 국내 아웃도어 환경에 최적화된 1000여 종 이상의 캠핑, 등산용품을 생산하여 소비자 선택의 폭을 넓혔으며 나아가 캠핑 레저 활동의 대중화와 올바른 캠핑 문화 정착을 위해 고객과의 커뮤니케이션 채널을 적극적으로 확대해나가고 있다.

국내 대표 캠핑 페스티벌로 자리 잡은 코카프를 비롯하여 캠핑 유관 단체 및 모임 후원, 산학 협력 등 대내외 문화 산업 지원과 업계 관련 사업을 활발히 추진하고 있으며, 새로운 캠핑 레저 트렌드를 주도하기 위해 자연친화적 신제품을 꾸준히 개발하고 우수한 품질, 차별화된 서비스를 구축하고 발전시켜 소비자들에게 제공하고자 노력하고 있다.

앞으로도 코베아는 캠핑 No.1 브랜드로서 고객이 신뢰할 수 있는 품질과 서비스 그리고 기술력을 바탕으로 대한민국을 대표하는 글로벌 브랜드로 발전을 계속해갈 것이다.

젊은
사장

김준홍
미래컴퍼니

김준홍 사장은 이 책에서 소개하는 사장들 중
가장 젊은 사람이다.
하지만 그는 나이답지 않게 천천히 뜨거워지고
오래도록 식지 않는 뚝배기 같은 사람이다.
어려운 질문에는 쉽게 당황스러워하고
흔한 농담을 주고받는 일에도 어색해하며
술 한잔도 입에 못 대는, 어찌 보면
우리가 생각하는 30대 젊은 사장의
이미지와는 조금 다르다.

내가 가장 먼저 그에게 물었던 것은
"젊은 사장이어서 좋은 점이 많나요,
힘든 점이 많나요?"였다.
결론부터 말하자면,
단연코 좋은 점이 훨씬 많다는 것.
중국과의 수출 일화에서 알 수 있겠지만,
그는 생각보다 젊지만 젊지만은 않은 사장이다.

젊은 사장
김 준 홍

엣지그라인더 제조 판매 분야 세계 1위의 강소기업, 미래컴퍼니를 이끌고 있는 김준홍 대표. 그는 이 책에서 소개하고 있는 열다섯 명의 사장들 중 가장 젊다.

젊은 사장이기 때문에 힘든 점은 내가 예상했던 것과 큰 차이가 없었다. 어리니까 무시하거나 만만하게 본다거나 회장님의 아들, 소위 낙하산이라고 색안경을 끼고 보는 것 같은 선입견에서 시작되는 일반적인 범주에서 추측 가능한 것들이었다.

반면에 젊기 때문에 좋은 점도 많았다. 회사 내의 책임자급 구성원(미래컴퍼니는 직원을 구성원이라 칭한다)들과 거의 동년배다보니 보통의 50~60대 사장에게서 느낄 수 있는 어려움이나 부담감 대신 조금만 친해지면 친구처럼 편하게 마음속 이야기를 나눌 수 있는 편안함으로 구성원들에게 다가갈 수 있었다. 고객사의 임원들에게는 아들 같고 동생 같은 젊은 그의 열정적인 모습이 기특하게 비추어져서 갈등 상황이 발생해도 큰 항의나 질책보다는 오히려 이해와 너그러움으로 해결되는 경우가 많았다고 한다.

중국의 디스플레이 패널 메이커들 중 가장 큰 회사 한 곳과 거래를 튼 것도 그가 젊은 사장이었기 때문에 가능했다. 젊었기에 웬만한 무시와 홀대는 견뎌낼 수 있었던 것이다.

그 회사의 담당 임원은 성격이 직설적인 것으로 소문난 사람이었다. 조금이라도 자신의 마음에 들지 않은 것이 있으면, 여러 말 둘러대지 않고 바로 그 자리에서 "나가!"를 외치는 사람이었다. 사실 그 중국 업체는 김준홍 사장이 대표이사를 맡기 전에도 미래컴퍼니가 여러 번 노크를 했던 회사였다. 당시 영업 담당이었던 미래컴퍼니의 임원이 '나가!' 대접을 받은 후부터는 아예 연락을 하지 않고 포기하고 있던 차였다.

그러다 김준홍 대표가 새로 대표이사로 취임한 후에 그 사실을 전해 듣고 다시 도전하게 된 것이다. 거래를 시작할 수만 있다면 향후 미래컴퍼니에게는 좋은 성장 기회가 될 수 있는 중요한 회사였기에 그는 처음부터 단단히 마음의 각오를 했다.

'그가 내게 어떤 말을 해도 반드시 참고 견디자', '아무런 조건 없이 다가가서 친해지기라도 하자' 이와 같은 주문을 최면처럼 외우며 중국에 도착해 그 회사를 방문했다. 하지만 그 회사의 임원은 이야기를 시작한 지 30분도 안 되어 "나가!"를 외쳤고, 김준홍 대표는 나가지 않고 버텼다. "지금 당신 회사와 영업을 못하는 것은 상관없지만, 당신과 친해지고 싶은 것은 포기하기가 어렵다"고 이야기하며 계속 버티다가 결국 그가 좋아하는 운동이 골프라는 것을 알게 되었고, 다음에는 골프 치러 한번 올 테니 시간을 내달라는 부탁을 하고 승낙을 받은 후에야 비로소 자리를 떠났다. 그런데 사실 그는 그때 골프를 칠 줄 몰랐다. 귀국하자마자 급하게 골프를 배우기 시작해 한 달을 연습하고 다시 그를 찾아갔다. 필드에 나간 그의 골프 실력은 형편없었지만 열심히 뛰어다니며 최선을 다했다. 그 모습이 기특하기도 하고 안쓰러워 보이기도 했는지, 골프 라운드가 끝나고 그 회사 임원이 드디어 온화한 표정으로 그에게 말을 건넸다.

"아니, 김 사장. 칠 줄도 모르면서 왜 골프를 치자고 했어요?"

"본부장님과 친해지고 싶어서요. 한 달 내내 교회 가는 시간 빼고는 계속 연습했는데 역시 안 되네요. 저 때문에 불편하셨죠? 죄송합니다."

김준홍 대표는 아무 조건 없이 일단 본부장과 가까워지고 싶은 자신의 진심을 수줍게 전했다.

"아니요, 재미있었어요. 매번 잘 치는 사람들만 보다가 김 사장 보니까 옛날 생각이 났어요. 난 그 실력일 때 필드 나갈 용기가 없었는데, 김 사장은 대단해요. 하하…."

김준홍 대표의 지치지 않는 열정과 노력을 가상하게 여긴 그 회사의 임원은 서서히 미래컴퍼니에 마음을 열기 시작했다. 그다음 해, 그 회사는 신규 공장을 건설하게 되었고, 그때 미래컴퍼니는 100억 원이 넘는 엣지그라인더를 그 회사에 납품했다.

아프니까 청춘이다. 하지만 웬만한 무시와 고통은 견뎌낼 수 있기에 또한 청춘이다.

Beyond Your
Comfort Zone

김준홍 대표는 선대 회장께서 별세하시는 바람에 갑작스럽게 미래컴퍼니를 맡게 되었다. 처음엔 어머니가 대표를 맡으셨고, 어느 정도 시간이 흐른 후 김준홍 사장이 본격적으로 미래컴퍼니를 이끌게 되었다. 미래컴퍼니는 30년 넘는 세월 동안 유지되어온 단단한 기업이었다. 회사 곳곳, 제품 하나하나에 선대 회장의 탁월한 경영 능력의 흔적이 묻어 있는 훌륭한 기업이었지만, 선대 회장이 투병하시는 동안 좋지 않은 상황들이 누적되어오다가 김준홍 사장 체제 가동 직후 결국 '적자'라는 결과가 표출되었다. 수입보다 지출이 많으면 적자인 것이니, 수입은 늘리고 지출은 줄일 방법이 필요했다. 천천히 그리고 자세히 회사를 들여다보니 반드시 개선해야 할 몇 가지가 그의 눈에 띄었다.

먼저 인사 제도. 기존의 제도는 지나치게 연공서열(근속 연수나 나이가 늘어감에 따라 지위가 올라가는 것)적이고 평등주의에 집착하다보니, 상대적으로 더 열심히 일해서 좋은 성과를 낸 구성원들이 만족감과 동기 부여를 느끼는 데 한계가 있다고 판단했다.

열심히 일하는 A구성원이나 대충 시간만 때우는 B구성원이나, 같은 직급이면 보상의 차이가 거의 나지 않았다. 오히려 근무 연수에 따라 차이가 발생하는 구조였다. 승진 역시 평가 결과보다는 근속 기간 중심으로 진행되었다. 이러한 제도하에서는 향후 지속적인 성장을 기대하기는 어렵다고 판단했고, 구성원들의 열정을 바탕으로 창조적인 업무가 이뤄지는 체계적인 인사 제도 마련이 시급했다.

신新인사제도 프로젝트를 진행하여 기존의 연공서열적이고 수직적인 직급 체계를 '보상 등급Pay Grade' 체계로 변경했다. 이를 통해, 근속 연수가 낮아도 열심히 노력하여 높은 성과를 낸 구성원은 빠른 성장이 가능하도록 했다. 동시에, 미래컴퍼니만의 독특한 공동체 문화를 계승·발전시키기 위해 '보상 등급'과 별도로 운영되는 호칭 제도 및 공동체 문화에 기반한 여러 제도들을 도입했다. 이를 통해 구성원들의 사회적 인정요구를 충족시키면서 공동체 내에서 구성원들 간에 위화감이 생기지 않고 서로를 한 몸처럼 느끼도록 배려했다.

연봉과 보상 등급을 모두에게 공개할 일은 없고 별도의 호칭 제도를

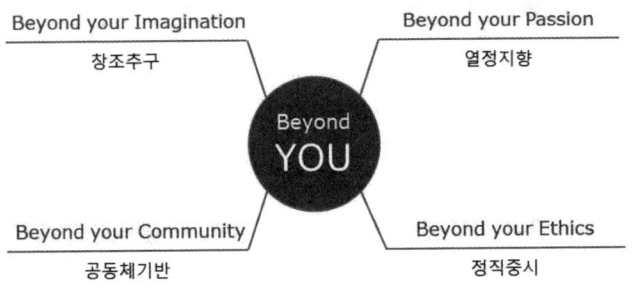

운영하므로 공동체 정신에 위배되지 않으면서, 열심히 하는 구성원에게는 더 큰 만족감을 주어 더욱 더 일에 정진할 수 있는 계기를 마련해주고자 했던 것이다.

하지만 신新인사제도 도입 과정이 순탄치만은 않았다. 30년 넘게 유지해온 관행적인 제도를 바꾸려고 하자 일부 구성원들의 오해가 발생했던 것이다. 김준홍 대표는 특유의 온화하지만 뚝심 있는 자세로 구성원의 의견을 적극적으로 경청하고 오해를 해소하면서 보완을 해나갔다.

현재 이 제도는 구성원의 동기부여와 성장을 유도하고, 이를 통해 회사 성장을 견인하며, 다시 그 성공 결과를 구성원에게 돌려줄 수 있는 상향 평준화된 진정한 공동체를 만들어가는 좋은 촉매제 역할을 하고 있다.

다음은 원가 최적화를 위한 노력. 구매 시스템에 여러 문제가 있음을 확인하고 과감한 변화를 모색했다. 수의 계약(적당한 상대방을 임의로 선택하여 맺는 계약)에서 입찰로 방식을 바꾸고 이 부서 저 부서에서 구매하던 이전의 방식과 달리 구매를 일원화했다. 설계 또한 표준화하여 여러 번 설계하는 데 따른 비용과 노력을 줄였다.

하지만 말이 쉽지, 30년 넘게 유지해온 관행적 시스템을 바꾸려 하자 회사 내부의 반발이 심했다. 임원들과 기술부서의 반대가 특히 심했다. 큰 문제 없이 돌아가고 있던 시스템을 하루아침에 바꾸려 하는 젊은 사장을 이해하지 못해 많은 임원들이 회사를 그만두는 사태까지 발생했지만 그는 굽히지 않고 정책을 추진했다.

젊은 사장
김 준 홍

변화를 시도한다는 것이 얼마나 귀찮고 위험한 것인지 그도 잘 알지만 변화하지 않으면 끝없이 나락으로 떨어질 것을 알기에 멈출 수 없었다. 수의 계약에서 입찰로 방식을 바꾸면서 품질은 유지 내지는 향상시키면서도 비용을 기존의 60~70%대로 낮출 수 있었고, 구매를 일원화함으로써 개인적 친분에 의한 부정한 거래도 뿌리 뽑을 수 있었다. 설계의 표준화 작업도 처음엔 기술부서의 거센 반대가 있었지만 결국엔 모두가 바꾸기를 잘했다고 칭찬하기에 이르렀다.

가만히 앉아 있으면 잠깐 편안할 수는 있다. 하지만 언젠가는 그 편안한 의자에서 한순간에 떨어질 수 있다. 'Beyond Your Comfort Zone'의 문구처럼 스스로의 편안한 자리를 벗어나 건강한 불편함을 즐길 때, 진정한 편안함을 만날 수 있다.

시켜서 하는 일
VS
스스로 하는 일

2014년 초, 미래컴퍼니는 적자 심화가 예상되었다. 지출을 줄이기 위해 원가를 최적화하는 것, 구매 방식을 변화하고 일원화시키는 것들 외에도 많은 것들이 필요한 상황이었다. 김준홍 대표의 겁 없어보이는 혁신에 못마땅해하던 임원들이 내놓은 대책은 구조조정. 김 대표의 고민이 깊어졌다. 임원들 말대로 구성원의 수를 줄여야 할 것인가, 아니면 다른 방법을 써야 할 것인가.

김준홍 대표는 바로 팀장회의를 소집했다. 팀별로 회의를 하고 팀원들의 의견을 모아올 것을 부탁했다. 팀별 회의를 통해 회사의 현실을 직시하게 된 구성원들의 반응이 뜨거웠다. 정말 다양한 의견들이 쏟아졌다.

'휴지를 아껴 쓰자', '회사 청소를 용역업체를 통하지 말고 직접 하자', '이면지를 쓰자' 등.

사실 회사 운영에 굵직한 도움이 되는 의견은 많지 않았지만, 구성원들 모두 한 마음으로 위기를 극복하겠다는 의지가 불타올랐고, 위에서 시켜서가 아닌 스스로 제안한 사안들이었기 때문에 무서울 정도로 실천되었다. 급기야 구성원들의 애사심에 감동한 팀장들이 연봉 자진 삭감을 제안했고, 전과는 다르게 돌아가는 회사 분위기에 적응 못한 임원들의 상당수가 회사를 떠나게 되었다. 결국 구조조정을 제안했던 일부 임원들이 떠나고 팀장급 이하 구성원들이 힘을 합쳐 회사를 다시 단단하게 만들어갔다.

물론 큰 그림을 그리기 위한 윗사람들의 회의도 중요하다. 하지만 현장의 이야기들을 무시한 채, 책상에서만 이루어지는 회의는 뜬 구름 잡기로 끝날 수 있다.

젊은 사장
김 준 홍

수요일 저녁에는
구내식당의 문이 닫힌다

미래컴퍼니 구성원들은 원하면 아침, 점심, 저녁 하루 세 끼 모두를 회사 구내식당에서 먹을 수 있다. 단, 수요일 저녁만은 불가능하다. 수요일은 '펀데이FUNDAY'이기 때문이다. 전 구성원이 평소보다 30분 일찍 퇴근한다. 일주일에 하루라도 가족과 함께 식사도 하고 이야기도 나누면서 즐거운 시간을 보내라는 회사의 방침이다.

그래서 미래컴퍼니 구성원들은 일주일에 두 번 이상 설렌다. 주말과 수요일을 앞두었을 때. 보통의 회사들이 주말을 위해 5일을 버텨내는 것과 비교하면 참 행복한 회사라는 생각이 든다. 월요일과 화요일 열심히 일하면 가족과 함께할 수 있는 짧은 행복이 보장되고, 목요일과 금요일 열심히 일하면 주말의 즐거움을 기대할 수 있다.

또 미래컴퍼니는 분기별로 '맛있는 세미나'를 개최한다. 점심시간을 이용해 평소 관심 있는 분야에 대한 구성원들의 신청을 받는다. 그를 바탕으로 인문학 강사, 재테크 전문가 등을 초대해서 샌드위치나 햄버거 같은 간단한 식사를 하면서 좋은 강의를 들을 수 있는 시간을 마련하고 있다. 따로 일정을 빼지 않아도 되므로 회사와 구성원 모두에게 만족도가 높다.

과감하게 근무 시간에 진행하는 분기별 이벤트도 있다. '수요미식회'. 수요일은 펀데이에 수요미식회까지 이모저모로 즐거운 날이다. 분기에 한 번 수요미식회가 있는 날에는 오후 3시에 회사 중앙 로비에 맛있는 음식들을 마련해놓고 레크레이션, 퀴즈 등을 진행하고 푸짐한 선물로 구성원들을 격려한다.

김준홍 사장은 창립기념일, 송년회, 신년회 때나 있을 법한 이벤트들을 평소에도 꾸준히 유치하기 위해 노력한다. 구성원이 행복하지 않으면 절대 회사가 성장할 수 없다고 생각하기 때문이다.

젊은 사장
김 준 홍

세상에서 가장 강한 무기
진심眞心

김준홍 사장은 술을 마시지 않는다. 외향적인 성격도 아니고 유머감각이 뛰어난 것도 아니다. 어쩌면 사업을 하기에 객관적으로 참 불리한 상황이다. 하지만 사업을 참 잘하고 있다. 그리고 앞으로도 잘해낼 것 같다. 그는 정말 강한 무기를 가지고 있기 때문이다.

그와의 대화는 다른 사장들과의 대화와 좀 달랐다. 보통 대화가 잘 진행되면 '시간 가는 줄 몰랐다'는 표현을 한다. 대부분의 사장들과의 대화는 정말 시간 가는 줄 모른다는 표현에 걸맞았다.

하지만 그와 함께하는 시간은 꼭 그렇지만은 않았다. 나의 질문에 답을 하기 위해 고민하는 그의 모습을 보며 '내가 너무 어려운 질문을 했나' 싶어 미안한 마음이 들 정도였다. 시원하게 자랑을 하거나, 자신만의 비법이라고 강조해서 이야기하거나 하는 일이 거의 없었다.

그런데 딱 하나, 이것만은 그가 격앙된 어조로 당당하게 이야기하곤 했다. 모든 사람을 대할 때 진심으로 다가간다는 것.

앞에서 언급했던 미래컴퍼니의 중흥을 맞게 해준 중국 디스플레이 패널 업체 본부장과의 얘기로 돌아가보자. 미래컴퍼니의 주력 제품인 엣지그라인더는 보통 신규 공장을 건설하거나 기존 공장에서 추가로 장비를 투자할 때 필요하기에 한번 거래를 하고 나면 상당 기간 다음 주문이 발생하기가 어렵다. 신규 공장 건설 때 100억 원이 넘는 장비를 납품

했기에 당분간은 그 회사와의 거래가 재개되기 힘든 상황이었다. 하지만 본부장에 대한 고마운 마음을 김 사장은 지속적으로 표현했다. 거래 후에도 꾸준히 본부장을 찾아 인사하고 함께 밥 먹고 골프 치고를 반복했다.

그런데 어느 날 중국 회사 본부장이 별다른 일 없이 안부를 묻기 위해 찾아온 그를 보고 놀라며 물었다.

"아니, 왜 온 건가?"

"네? 그냥 왔는데요. 본부장님 뵙고 인사도 드리고 식사라도 하려고요. 오면 안 되나요?"

지난 방문 때와는 다른 반응을 보이는 본부장에게 오히려 다시 질문을 했다. 알고보니 그 중국 임원이 최근 한직으로 물러나게 되었고 담당 임원으로 복귀할 가능성이 거의 없는 상태가 되었다는 것이다. 그 사실을 모를 리 없는 수많은 거래처 임원과 사장들의 발길이 뚝 끊긴 지 오래인데 여전히 자신을 찾아온 김 사장을 보고 놀랄 수밖에 없었던 것이다.

그도 모를 리 없었다. 하지만 그 사실을 알고 나서도 꾸준히 그 본부장을 찾아갔다. 미래컴퍼니에 큰 도움을 준 은혜를 잊을 수 없었고, 설사 비즈니스에서 실력을 행사할 수 있는 위치에서 내려왔다 하더라도 인간적으로 배울 것이 많은 인생 선배로 느꼈기에 진심으로 그를 찾아가고 싶었다. 그 후로도 꽤 긴 시간 동안 그의 중국 방문은 이어졌고, 거짓말처럼 최근 본부장이 담당 부서의 임원으로 복귀했다.

젊은 사장
김 준 홍

김준홍 대표는 젊지만 의외로 뚝배기를 닮았다. 천천히 끓어올라 아주 오래오래 그 상태를 유지하는 뚝배기 같다. 골프를 배운 지 3년이 넘어가지만 아직도 100타를 친다. 골프가 좋아서 치는 게 아니라 골프를 좋아하는 사람과 어울리고 싶어 치는 거니까. 술을 못 마시지만 회식자리에 끝까지 남아 있는다. 술자리에 함께한 사람들과 진솔한 이야기를 나누는 것이 좋으니까. 진심으로 좋아하는 사람에게는 그 사람의 상황이 어떻게 변화하든 끝까지 다가간다. 그의 직함과 배경만을 좋아한 것이 아니니까.

그에게는 가장 강력한 그만의 무기가 있다. 그것은 바로 사람의 마음을 움직이는 '진심'이라는 것이다.

㈜미래컴퍼니

'세상의 빛이 되어 미래를 밝히자'는 비전을 가지고 디스플레이 가공장비인 엣지그라인더(Edge Grinder) 부문에서 전 세계 점유율 1위를 꾸준히 유지하며 성장해온 반도체·디스플레이 장비 전문 기업이다.

1984년 ㈜미래엔지니어링으로 설립되어 2000년 엣지그라인더를 최초 국산화한 이후 2002년 전 세계 최초로 엣지인스펙션(Edge Inspection)을 개발하여 본격적인 성장의 발판을 마련했다. 이후 2004년 현재 상호로 변경 후, 2005년 코스닥에 상장되었으며, 2007년 복강경 수술 로봇 개발 착수 및 2014년 ToF 3D Range Camera를 개발했다.

2004년 2천만불 수출탑을 수상하였고, 2012년 산업포장 수상, 2015년 발명의 날 특허청장상을 수상하였고, 2016년 '월드클래스300 기업'에 선정되었다.

미래컴퍼니는 전통적 강자인 Grinding 장비 사업에만 안주하지 않고, 검사 기술 및 레이저 관련 기술을 개발하여 디스플레이 제조 공정에서 Total Solution을 제공하고 있다. 여기서 한발 더 나아가 IoT 시대를 선도할 ToF 3D Range Camera인 'Cube Eye' 및 사람을 살리는 복강경 수술 로봇인 'Revo-i'와 같은 신규 사업으로 사업 영역을 넓히면서 세계적인 기업으로 발돋움하고 있다.

또한, 단순한 이익 추구가 아닌 기술적·문화적·윤리적 측면에서 모범이 되고 고객, 주주, 그리고 구성원을 비롯한 공동체 모두의 미래를 밝게 비추는 가치 있는 기업이 되기 위해 끊임없이 노력하고 있다.

아버지의 밥상에 숟가락만 얹기는 싫었다

김재우
지엠씨

김재우 사장은 20대 중반에
당시 화재 사고를 겪었던 광산에 전기시설을
정비하고 오라는 임무를 수행하기 위해
강원도 현장으로 투입되었다.
처음엔 한 달 정도만 있다가
전기시설 점검이 끝나면 서울로 돌아와서
사무직으로 일할 계획이었다.
하지만 광산 현장을 경험한 후,
그의 생각이 바뀌었다.
아버지가 어렵게 이뤄놓으신 사업을
그냥 이어받는 것이 아니라
아버지가 하지 못한 일들,
혹은 아버지의 사업을 더 빛나게 해줄 일들을
찾고 싶었던 젊은 김 사장의 첫 번째 목표가
그곳에 있었기 때문이었다.

아버지의 밥상에 숟가락만 얹기는 싫었다
김 재 우

지엠씨의 김재우 사장은 아버지인 김상봉 회장이 1962년부터 피땀으로 일궈온 사업에 그만의 젊은 감각과 뜨거운 열정을 더했다. 그 결과, 거친 석회석은 1차 원료인 광석에 그치지 않고 종이, 유리, 화장품 등을 만드는 데 꼭 필요한 중요한 물질로 거듭나게 되었다.

    같은 석회석이라도 곱게 갈수록, 불순물이 없을수록 더 다양한 분야에 더 가치 있게 쓰이기 때문에 끊임없이 연구하고 실험한 결과인 것이다.

    전통적인 채광 기업을 첨단 기술로 무장한 미래지향적 기업으로 발전시킨 김재우 사장, 같은 재료로 만들어진 빵이라 할지라도 100원에 팔던 것을 1000원에 팔 수 있는 방법이 무엇인지를 알려주는 그의 이야기를 통해 급변하는 세상에서 사장으로 살아남는 방법을 배워보도록 하자.

아버지가 차린 밥상에
숟가락만 얹기는 싫었다

　　김재우 사장은 1997년 말, 20대 중반의 나이에 아버지가 운영하는 광물 채취 기업에 평사원으로 첫발을 내디뎠다. 대학에서 전기를 전공한 김 사장은 전기기사 1급 자격증을 가지고 있었고, 당시 화재 사고를 겪었던 광산에 전기시설을 정비하고 오라는 임무를 수행하기 위해 강원도 현장으로 투입되었다.

　　처음엔 한 달 정도만 있다가 전기시설 점검이 끝나면 서울로 돌아와서 사무직으로 일할 계획이었다. 하지만 광산 현장을 경험한 후, 그의 생각이 바뀌었다. 현장에 머물기로 한 것이다. 아버지도 그의 그런 생각을 받아들였다. 그로부터 무려 8년을 강원도 산골 광산 현장에 있으면서 청춘을 바친 김재우 사장. 그가 그런 결정을 하게 된 것은 아버지의 일과 회사를 보존하고 발전시켜보고자 하는 간절한 마음 때문이었다.

　　당시 광산 현장에는 한창 채광을 하는 광산도 많았지만, 이미 채광이 끝나서 버려진 동굴도 적지 않았다. 그것을 재활용해보고 싶다는 생각이 들었다. 아버지가 어렵게 이뤄놓으신 사업을 그냥 이어받는 것이 아니라 아버지가 하지 못한 일들, 혹은 아버지의 사업을 더 빛나게 해줄 일들을 찾고 싶었던 젊은 김 사장의 첫 번째 목표가 그곳에 있었기 때문이었다.

　　30년 넘게 아버지가 피땀으로 일궈놓은 광산 현장이 이제 수명을 다하고 하나 둘 버려지는 모습을 눈으로 직접 목격하게 되었을 때, 젊은 그의 눈에 비친 그 현실이 너무나 안타까웠다.

그때부터 김 사장은 폐광을 재활용할 방법을 연구하기 시작했다. 몇 날 며칠을 조사하고 연구한 끝에 스스로 방법을 찾아냈다. 바로 동굴에서 버섯을 키우는 것이었다. 버섯의 생육에 적합한 온도와 습도 등이 놀랍게도 동굴의 그것과 거의 일치한다는 것을 발견해낸 것이다.

김 사장은 군대에서 배운 용접 실력으로 버섯 재배를 위한 공간을 만들고 버섯 농사 전문가들을 모았다. 농사를 지어본 경험이 전혀 없었기에 농민들보다 두세 배 이상 더 열심히 일하며 좋은 품질의 버섯을 재배할 준비를 했다.

버섯 재배사를 준비하는 과정에서 있었던 일이다. 주말에 조금이라도 일을 더 해놓으려고 아침 6시에 캄캄한 동굴에 들어가서 일을 시작해 저녁 6시가 되어서야 너무 배가 고파 동굴 밖으로 나왔다. 그런데 어두워질 거라 생각한 밖이 점점 밝아지는 것이었다. 알고보니 다음 날 아침 6시이었던 것이다. 너무 일에 집중한 나머지 12시간이 아닌 무려 24시간, 하루를 꼬박 동굴 안에서 혼자 일했던 것이다.

김 사장의 이런 열정에 주변 사람들도 감동하여 폐광을 재활용한 버섯 재배 사업의 준비는 속도가 붙기 시작했다. 사실 김 사장이 서울에서 처음 내려왔을 때에는 아무것도 모르는 사장의 아들이라는 편견 때문에 모두가 그를 달갑지 않은 시선으로 바라봤었다. 하지만 김 사장의 진심과 성실함, 추진력을 알게 된 후부터는 마을 주민들과 회사 동료들이

든든한 그의 동반자가 되어주었다.

"지금도 버섯을 처음 재배하던 날의 감동이 잊혀지지 않아요. 눈이 퉁퉁 부을 정도로 울었어요. 정말 많은 일들이 있었거든요. 중간에 포기하고 싶은 때도 많았지만 아버지의 모든 것이 담겨 있는 광산을 절대 버리지 않겠다는 마음으로 버텼더니 그런 날이 오더라고요. 아버지도 많이 자랑스러워하셨죠."

광물을 채취하고 버려질 위기에 있던 동굴을 재활용하여 질 좋은 버섯을 근 5년 동안 생산해냈던 김 사장은 여러 가지 안전 관련 제약들에 부딪혀 눈물을 머금고 광산을 두고 나올 수밖에 없었다. 자신의 청춘을 다 바쳤던 광산을 떠나던 날은 그에게도, 정들었던 이웃과 동료들에게도 너무나 슬픈 날이었지만 언젠가는 다시 돌아와 못 다 이룬 꿈을 이루겠다고 약속하며 웃으며 헤어졌다고 한다.

2004년부터 김 사장은 서울 본사 근무를 시작하게 되었다. 강원도 산골 근무보다 몸은 편해졌지만 역시 안주할 그가 아니었다. 이번에도 김 사장은 자신만의 아이디어로 회사에 이익을 가져올 수 있는 방법을 고민하기 시작했다.

김 사장은 단순 원료 광물이 아닌, 고부가가치의 제품을 만들 방법을 찾기 위해 백방으로 노력했다. 외국 기업의 사례를 조사하고 연구의 연구를 거듭한 결과, 광물을 아주 곱게(담배 연기의 20분의 1) 갈아내는 기술을 개발할 수 있었다. 또한 광물에서 불순물을 거의 100% 없애는 정제 기술을 개발하여 김 사장 회사의 제품은 타사 제품보다 훨씬 더 비싼 값을 받을 수 있었다.

같은 석회석이라도 이런 기술이 가미되면 톤 당 만 원에서 백만 원으로 무려 백 배나 가치가 껑충 뛰게 되는 것이다.

김재우 사장은 창업주인 김상봉 회장의 아들이다. 하지만 어느 날 갑자기 창업주의 아들이란 이유만으로 사장이 된 것이 아니었다. 20대 중반에 강원도 광산 현장에서 평사원으로 출발하여 주임, 계장, 대리, 과장을 순서대로 거치며 기업에 필요한 사람이 되어간 것이다. 아버지가 차려놓은 밥상에 숟가락만 얹는 아들이 되지 않기 위해 노력했고 앞으로도 그럴 것이다.

김재우 사장과 얘기를 나눠보니 '아버지로부터 회사를 물려받은 사장'이냐 '혼자 힘으로 된 사장'이냐는 그리 중요해보이지 않았다. 그보다는 '어떤 생각을 가지고 어떻게 일하느냐'가 좋은 사장을 판단하는 가장 중요한 기준이다.

강원도 어른에게서
영업을 배우다

김재우 사장은 젊은 사장이다. 하지만 모든 연령대의 사람들과 잘 융화한다. 상대하기 힘들다고 흔히들 얘기하는 중년 남성, 까다로운 아주머니, 반항적인 중학교 2학년 학생들과의 관계에서도 그는 아무런 문제를 느끼지 못한다. 왜냐하면 김 사장은 완고하기로 유명한 강원도 산골 마을의 어른들과 함께 무려 8년을 생활했기 때문이다. 게다가 그냥 함께 생활한 정도가 아니라 그분들의 마음을 얻어 마을의 이장 생활을 했을 정도다.

강원도 생활 초기에는 거의 매일이 설움의 연속이었다. 집으로 찾아가 인사를 드려도 문을 걸어 잠그고 대화조차 하지 않으려는 할아버지부터 서울에서 온 광산 사장의 아들이라는 이유로 선입견을 가지고 무조건 헐뜯는 아주머니들까지. 그분들의 마음을 열기 위해 김재우 사장은 정말 무던히도 애를 썼다. 그 과정에서 터득한 것이 몇 가지 있다.

그분들은 시골 마을에서 농사만 짓고 평생을 사셨기에 아무리 비싼 선물도 소용이 없었다. 선물의 가격이 비싼지 싼지조차 무감한 분들이었다. 값비싼 물건보다 그분들의 이야기를 들어드리고 그분들의 편이 되어드리는 것이 더 중요했다. 자식들을 어렵게 키워 도시로 떠나보내고 외롭게 사시는 분들에게 친구가 되어드린다는 마음으로 틈만 나면 찾아가 소주잔을 함께 기울이고, 마당에 심어진 상추, 고추를 뽑아 된장에 찍어 드렸더니 강원도 산골의 날씨만큼이나 차갑게 얼어 있던 그분들의 마음이 녹아내리기 시작했다. 농한기에는 그분들과 함께 관광버스에 몸을 싣고 춤도 춰드리고 노래도 불러드렸다. 심지어 다른 마을과의 갈등이 생기면 내 부모님의 문제를 해결한다는 마음으로 주말에도 쉬지 않고 다른 지역 이장 댁으로 곧바로 달려가 해결을 보고서야 마을로 돌아오곤 했다.

"지금도 철이 되면 강원도 옥수수가 집으로 배달됩니다. 어른들이

절 못 잊으시는 것 같아요. 저도 마찬가지고요. 사장 취임하고 나서 처음 인사드리러 간 분들이 바로 그 마을 어른들이었어요. 언젠가 다시 그곳으로 가서 꼭 폐광을 살릴 겁니다."

강원도 산골 마을 어른들의 이야기를 하던 김 사장의 눈시울이 붉어졌다. 분위기를 바꾸려는 듯, 그는 다시 말을 이어갔다.

"서울 본사로 와서 정말 많은 부류의 사람들을 만났는데, 그리 힘들게 없더라고요. 강원도 산골 어른들과 함께한 8년이 제겐 정말 큰 자산입니다. 영업은 정말 어려운 상대를 만나서 극복하는 순간 해결되는 것 같아요."

김 사장은 한 사람, 한 거래처를 최소 열 번은 방문한다는 마음으로 영업에 임해야 한다고 강조했다. 자존심을 버리고 진심을 가지고 웃는 얼굴로 대한다면 그 어떤 차가운 사람의 마음도 열 수 있고, 그 어떤 어려운 거래처와도 언젠가는 관계를 시작할 수 있을 것이라고 조언한다.

그리고 영업을 할 때 가장 쉽게 저지를 수 있는 오류 중의 하나가 먼저 말하기 급급한 것이라는 점도 강조했다. '물건을 팔아야 하고, 계약을 따내야 하기에 내 얘기부터 하는 것이 당연하다'고 생각하는 것부터가 큰 잘못이라는 것이다. 아무리 급해도 상대방의 얘기를 더 많이 들어주려고 하는 자세가 필요하다. 비록 냉혹한 비즈니스 세계에서 만났지만 진심으로 상대를 배려하는 인간미를 전달하는 것이 가장 효과적이다. 김 사장은 20년 전, 강원도 산골 어른들의 마음을 열 때, 열 시간 동안 그분들의 얘기를 듣다가만 온 적도 있었다.

'사장하다'보면 다양한 부류의 사람을 접하게 될 것이다. 너무도 힘든 상대를 만나게 되면 피하거나 욕하지 말고 '인간 관계의 신神'이 될 수 있는 좋은 기회가 왔다고 생각하자. 그 고비만 넘겨내면 사람 대하는 것처럼 쉬운 게 없을 것이다.

젊은 사장이
배워야 할 것들

날이 갈수록 사장의 나이가 어려지고 있다. 예전 같으면 사장은 고사하고 감히 과장도 꿈꾸지 못할 나이에 좋은 아이디어 혹은 열정과 성실함을 가진 사람이라면 얼마든지 사장이 될 수 있는 세상이다. 하지만 사장이 젊다 해서 직원도 다 젊은 것은 아니다. 사장은 젊어도 나이가 많은, 업계 경험이 많은 직원이 함께 일하는 경우가 요즘 우리 주변에는 꽤 있다.

사십 대 중반의 젊은 사장인 김재우 사장의 회사는 특히 그렇다. 김상봉 회장과 함께 창업 때부터 일하신 임원도 있고, 김 사장보다 나이 많은 오십 대 직원들도 적지 않다. 젊은 사장이어서 겪게 되는 애로사항에 대해 물었다.

"애로사항이요? 많지요. 이건 제 개인적인 성향에서 기인한 것일 수도 있는데요. 순간순간 울컥할 때가 많아요. 같은 상황에서도 회장님은 눈도 깜짝 안 하시는데 저는 이미 흥분하고 있는 경우가 꽤 있었죠. 내공의 차이인 것 같아요. 흔히 패가 읽힌다고 하잖아요. 제 패는 판을 깔기도 전에 읽히는 거죠. 그래서 많이 노력했습니다. 차분해지고 신중해지려고요."

김 사장은 후배 사장들에게 가장 먼저 '신중함'의 중요성을 강조했다. 회사와 구성원을 책임져야 할 사장이, 젊은 혈기로 의욕만 앞서서 충동적으로 회사를 끌어가는 것이 결코 패기나 추진력 같은 좋은 말만으로 포장되어지지 않는다는 것이다.

김 사장은 어느 순간부터 회의 때 먼저 의견을 제시하지 않는 습관이 생겼다. 사장이 먼저 어떤 사안에 대한 의견을 말해버리면 좀 더 다양한 의견들이 나오지 않기 때문이다. 심지어 김 사장이 생각하고 있는 것과 같은 의견이 나와도 전혀 그 의견에 반응하지 않고 듣고만 있다보면, 오히려 더 좋은 의견들이 나오는 것을 많이 경험했다.

자신보다 직장 경험이 많은 분들을 대하는 데 있어서도 스스로 원칙을 만들어놓았다. 수십 년 동안 회사를 위해 노력하신 그분들에 대한 존경심을 지니고, 자신이 사장이지만 그분들보다 잘 모르는 상황이 나오면 공손히 머리를 숙이는 것이다.

김 사장의 새로운 감각과 그분들의 경륜이 합해지면 두려울 것이 없다. 사실 김 사장은 평사원에서 시작해 사장까지 올라왔기 때문에 그분들에 대해 잘 알고 있다. 몇 년 전까지만 해도 직급으로 아래였던 그를 사장으로 받아들이는 것이 그분들에게도 쉽지 않았을 것이다. 그래서 김 사장은 그분들의 장점을 부각시켜드리는 데 최선을 다하고 있다. 간혹 의견이 너무 맞지 않은 경우에는 저녁식사 자리를 마련해서 서로의 생각을 확인하고 조율하는 시간을 갖는다.

"오늘이 있기까지 최선을 다해주신 그야말로 '공신功臣'들이시거든요. 저는 그분들이 모두 오래도록 일하시다가 명예롭게 은퇴하시기를 바랍니다. 회사의 운영에도 큰 도움을 계속 주실 것이고, 젊은 직원들은 그분들의 모습을 보면서 비전을 가질 수 있고 일거양득이니까요."

지엠씨

땅속 깊이 묻혀 있는 지하 자원인 석회석을 캐내어 종이의 원료가 되는 중질탄산칼슘(GCC-Ground Calcium Carbonate, 종이의 원료)을 만드는 회사로서, 2007년 설립하여 그동안 외국 기업이 주도하던 국내 GCC 시장에 일대 혁신을 불러왔다.

우수한 기술력을 바탕으로 설립된 지엠씨는 국내 최고 품질의 원료 광물을 확보했으며, 차별화된 엄격한 시스템과 친환경, 최첨단으로 설계·시공된 선광 공정을 통해 최고 품질의 원료 광석을 자체 생산하고 있다. 강원도 삼척에 위치한 지엠씨의 석회석 광산인 백운광산은 단일 광산으로는 최대 생산량을 자랑한다. 백운광산에서 고백색·고품질의 석회석을 다량 확보하여 채광함으로써 국내 제철·제강 산업과 발전소 탈황용, 폐수 중화에 사용되는 소석회용으로 판매하고 있다.

또한, 충북 진천에 위치한 GCC공장에서는 고효율 정제 기술을 통해 원료 광석에 혼입된 불순물을 제거해 백색도를 향상시키며, 나노 크기의 milling 기술, 모든 공정을 자동 조절하는 제어 기술을 통해 세계 최고 수준의 GCC를 생산하고 있다.

PART 4

끝까지
살아남아야
한다

세 번째 사는 인생

오석송
메타바이오메드

아버지께 인사를 드렸다.
한 손에는 30알의 신경 안정제,
다른 한 손에는 소주병을 들고
지난날을 돌이켜봤다.
맺히는 눈물, 옥죄어오는 두려움을 안주삼아
한 모금 한 모금 소주를 들이켰다.

실패하지 않는 인생은 없다.
사업 역시 그렇다.
의료기기 분야의 글로벌 대표 기업인
메타바이오메드의 오석송 회장은
좌절의 끝에서 절대 반전을 이끌어냈다.
죽음과 맞바꾸고 싶었던 실패를 극복하고 난 후
마침내 얻게 된 깨달음은 여전히,
앞으로도 진행형이다.

세 번째 사는 인생
오 석 송

1년에 1억2천만 명의 충치를 치료할 수 있는 치과용 충치 치료제를 생산해내는 바이오 기업 메타바이오메드를 이끌어가고 있는 오석송 회장. 늘 엷은 미소를 얼굴에 머금고 있는 그를 보면 '기업이 잘되고 있어서 겠지' 혹은 '어릴 때부터 웃는 인상이었겠지'라고 생각할 수도 있겠지만 그의 인상이 그렇게 바뀐 것은 1993년 여름, 그의 나이 마흔한 살 때부터였다.

    이 책에 등장하는 열다섯 명의 사장들 중에 최고령인 그가 미래의 사장들에게 보내는 당부에는 진심이 가득하다. 오석송 회장의 이 진심 어린 당부를 통해 자칫하면 실패할 수 있는 냉혹한 사업의 세계에서 제대로 '사장하는' 방법을 배워보자.

사장은 제일 먼저
준비하는 사람

오석송 회장은 1953년생, 2017년 현재 우리나라 나이로 65세다. 이번에 인터뷰하는 사장들 중에 최고 어른이다. 이제 서서히 2선으로 물러나 기업의 전체적인 방향만 잡아주는 정도의 역할을 하며 삶을 조율할 계획을 가지고 있지 않을까 싶어 조금은 에둘러 첫 질문을 던졌다.

"회장님, 요즘 회사 관련해서 가장 관심을 갖고 계신 부분이 어떤 것인가요?"

내 예상과는 전혀 다른 대답을 오 회장은 처음부터 꺼냈다.

"이제 세계는 4차 산업혁명 시대입니다. 1, 2, 3차 때와는 변화의 속도를 비교할 수가 없어요. 정말 눈 깜짝할 새 세상이 바뀔 겁니다. 인공지능, 로봇, 자율 주행 자동차의 시대가 이미 시작되었거든요. 메타바이오메드의 주력 제품 중의 하나인 외과 수술용 실의 수요가 이제 점점 줄어들 거예요."

"아, 자율 주행 자동차 시대가 되면 교통사고가 줄어들 테니까요?"

내용을 좀 알 것 같아 끼어들었더니 오 회장은 고개를 끄덕이며 말을 이어갔다.

"그렇죠. 외과 수술은 줄고, 다른 형태의 시술들이 많이 생겨나겠죠. 예를 들면 인공 장기 이식 같은 것이죠. 미래에는 장기가 손상되면 치료하는 것보다 똑같은 장기를 만들어 바꾸어 끼는 것이 일반적인 일이 될 수도 있어요."

"네, 정말 그렇겠네요. 그래서 회장님은 이렇게 급변하는 상황에 대비를 하고 계신가요?"

"하하, 네. 몇 년 전부터 연구 개발팀에서 여러 가지 R&D를 진행하고 있어요. 아직은 대외비라서 자세히 말씀드릴 수는 없지만요."

오석송 회장이 생각하는 사장의 중요한 조건 중 하나는 '누구보다도 먼저 준비하는 것'이었다. 특히 요즘처럼 하루가 다르게 세상이 바뀌는 시대에 가장 바보 같은 사장은 과거와 현재에만 몰두하는 사람이다.

이것은 새롭게 창업을 할 때도 마찬가지다. 이미 한물간 아이템을 가지고 쉽게 시작할 생각을 갖기보다는 전시회, 박람회, 학술대회 같은 곳에 직접 참여하거나 관심 있는 상품의 자료라도 찾아보면서 신중하게 창업 아이템을 정하는 것이 중요하다. 학술대회에서는 관련 분야의 자세한 정보와 전문가들의 예측을 들을 수 있고, 전시회나 박람회에서는 최신 제품을 직접 보고 경험하고 트렌드를 파악할 수 있다. 실제로 오 회장은 한 달에 한두 번은 각종 행사에 참여하거나 수시로 관련 자료들을 읽어보고 있다.

"제가 사업을 처음 시작했던 때가 1989년이었어요. 그동안은 그래도 시장이 단계적으로 변화해서 어느 정도 현재에 집중하면서 미래를 준비할 여유가 있었어요. 그런데 이제는 정말 아닌 것 같아요. 메타바이오메드가 현재 만들고 있는 제품들은 정말 우수하다고 자부합니다. 하지만 언제든 우리 회사 제품이 사람들에게 쓸모 없을 때가 올 수도 있다는 위기 의식을 갖고 있어요."

오 회장은 매일 아침 5시 30분이면 회사에 출근한다. 처음 사업을 시작할 때부터 계속된 습관이다. 직원들이 출근하고 본격적인 업무를 시작하기 전에 오 회장은 여러 종류의 신문과 책을 통해 미래를 예측한다.

사장은 제일 먼저 준비하는 사람이다.

생각을 바꾸면
성격도 바뀐다

오석송 회장은 사실 사업할 성격은 아니었다. 쉽게 결정을 내리지 못하는 소위 '쭈뼛쭈뼛함'이 몸에 배어 있었고, 대범하지 못해 아주 사소한 것에도 신경을 많이 쓰는 편이었으며, 결정적으로 사업가에게 가장 필요한 자질일 수 있는 열정, 뻔뻔스러움 등과는 너무나도 거리가 먼 사람이었다. 1993년 여름 전까지만 해도.

1986년, 30대 중반의 오 회장은 치과 충치 치료제를 만드는 미국 기업의 한국 지사 관리이사로 입사했다. 그런데 2~3년 후에 그 회사는 여러 가지 문제로 폐업을 하게 되었고, 직장을 잃게 된 오 회장은 그동안 모아놓은 돈에 살고 있던 아파트를 판 돈까지 합해서 1989년 5월에 그 회사를 인수했다. 하지만 오 회장의 사장 생활은 그리 오래 가지 못했다. 같은 해 8월, 불과 3개월 만에 그가 가진 모든 것을 잃고 회사를 나오게 되었다.

1990년, 그의 나이 서른여덟이었다. 망연자실해 있는 그를 안쓰럽게 여긴 친동생과 가까운 친척들이 3억 가까운 돈을 빌려주었다. 이전 회사에서 함께 일했던 기술자 일곱 명과 함께 인도네시아행 비행기에 몸을 실었다. 오 회장은 옛 동료들의 기술력에 인도네시아의 값싼 노동력, 그리고 인도네시아 현지인의 투자를 더해 항구 도시인 수라바야시에서 다시 사업을 시작했다.

인도네시아 현지인과 함께하는 사업이다보니 공장 건설, 직원 구하기가 수월하게 진행되었다. 정글을 개간한 산업단지에 공장을 만들고 350명의 현지 노동자들을 모았다. 하지만 결정적인 문제가 있었다. 공장 직원 대부분이 공장에서 작업해본 적이 없는, 그야말로 아무것도 모르는 원주민들이었기에 한국 기술자들이 아무리 지도를 해도 질 좋은 제품을 만들기까지에는 한계가 있었던 것이다. 그리고 우여곡절 끝에 생산을 해내도 소비자들의 '메이드 인 인도네시아made in indonesia' 제품에 대한 불신을 떨쳐버릴 수 없었던 것이다. 결국 3년 만에 공장을 현지 투자자에게 넘기는 것으로 마무리하고 오 회장은 다시 빈털터리가 되었다. 정말 막막했다.

남동생이 준 돈은 제수씨의 퇴직금 중간 정산금이었으며, 여동생이 준 돈도 동생의 집을 담보로 빌려준 것이었다. 게다가 고모와 이모가 마련해준 돈까지. 앞으로도 갚을 길이 없을 것만 같았다.

결국 오 회장은 극단적인 선택을 하게 되었다. 싱가포르 옆의 '빠땀섬'이라는 곳에 가서 이틀 동안 술만 먹고 여러 번의 극단적인 시도를 했다. 그것도 쉽지 않았다. 죽어서조차도 가족들에게 피해를 줄 것 같았기 때문이다. 비행기 타고 날아와 뒤처리를 해야 할 가족들을 생각하니,

죽을 때 죽더라도 일단 한국에 돌아가기로 결정한 것이다.

    귀국 후 의미 없는 하루하루를 보내던 어느 날, 오 회장은 몇 군데 약국에서 사 모은 신경안정제 30알을 들고 아버지 산소가 있는 송추로 향했다. 마지막으로 아버지께 인사드리고 가겠다는 계획이었다. 산에 도착한 것이 밤 11시, 산소로 걸어가다보니 아직 문을 닫지 않은 제수용품 가게의 불빛이 보였다. 오 회장은 문득 술 생각이 났고, 그곳에서 소주 두 병을 샀다.

    아버지께 인사를 드렸다. 한 손에는 30알의 신경 안정제, 다른 한 손에는 소주 병을 들고 지난날을 돌이켜봤다. 맺히는 눈물, 옥죄어오는 두려움을 안주 삼아 한 모금 한 모금 소주를 들이켰다.

    그리고 눈을 떠 보니 다음 날이었다. 새벽 네 시경, 여명이 밝아오기 직전이었다. 그 순간 오 회장에게 가장 먼저 들었던 생각은 '두려움'이었다. 여름이어도 산속 새벽은 한기가 만만치 않았고, 어두운 공동묘지에 혼자 있는 상황이 너무 무서웠다. 오 회장은 추위와 두려움, 두 가지를 한번에 떨쳐버릴 생각으로 두 팔을 들었다 내리기를 반복하며 소리를 질렀다.

    1분 정도 지났을까, 머리끝이 쭈뼛 서며 뭔가 이상한 기운이 느껴졌다. 두려움이 사라지고 답답했던 가슴이 뻥 뚫리는 것 같았다. 그리고 지끈지끈 아팠던 머리도 맑아졌다. 그제서 고개를 돌려 주변을 보니 널부러진 소주병과 여기저기 풀 사이에 흩어져 있는 알약들이 눈에 들어왔다. 술에 취해 약은 먹지도 못한 채 잠들었던 것이다. 오 회장의 생각이 바뀌는 순간이었다.

'죽는 것도 참 힘든 것이구나. 이 힘든 것을 그동안 두 번씩이나 하려고 했으니 그 용기로 살면 무엇인들 못하겠는가?'

빚만 잔뜩 지고 삶을 두 번씩이나 포기하려고 했던 한 남자는, 생각 하나를 바꿈으로써 20년 후 세계인이 가장 많이 사용하는 충치 치료제를 생산하는 기업의 사장이 되었다.

"요즘도 아버지 산소를 갈 때엔 꼭 그 가게에 들러 물건을 삽니다. 그 집이 그날 밤 문을 안 열었더라면, 지금의 나는 없었을 거예요. 소주를 사서 마시는 바람에 취해서 약을 못 먹었잖아요. 하하!!"

평온, 인자, 서글서글함 같은 단어로만 설명할 수 있을 것 같은 인상을 지닌 오석송 회장의 과거에 그런 사연들이 있었다는 것이 나는 아직도 믿기지 않는다.

'사장하기'도 결국 '생각하기' 나름인 것 같다. 생각이 바뀌면 성격이

바뀌고, 성격이 변하면 행동도 변한다.

걱정은
가불하지 않기

영화 같은 이야기를 듣고 멍해져 있는 내게 오 회장은 본격적으로 메타바이오메드 이야기를 들려주었다.

"참 신기하죠. 생각을 바꾸니까 모든 게 술술 풀리더라고요. 뻔뻔해지니까 못할 게 없더군요."

한 번도 아니고 두 번이나 죽었다 살아난 목숨, 덤으로 사는 인생이라 생각하니 예전에는 엄두도 못 냈던 일들을 시도하게 되었다. 먼저 고등학교 때부터 친하게 지내던 친구들의 모임을 찾아가 그동안의 일들을 솔직히 털어놓고 한 번만 도와달라고 부탁했다. 고맙게도 친구들은 일인당 700만 원씩 보증을 서서 그에게 5000만 원이라는 적지 않은 사업자금을 만들어주었다. 될지 안될지 미리 걱정하며 쭈뼛대다가 말도 못꺼냈던 과거의 오 회장이 아니었다.

청주의 한 돼지갈비 식당 지하 1층에 작은 공장용 공간을 임대하고 전봇대에 생산직 근로자를 모집한다는 공고를 붙였다. 순식간에 동네 아주머니 열두 명이 지원했고, 1993년 10월 오회장은 다시 충치 치료제 사업을 시작했다. 아주머니 열두 명 외에 다른 직원은 없었다. 오 회장은 혼자서 다섯 명의 역할을 했다. 공장장, 회계, 구매, 영업, 기사까지.

멀티플레이어 오 회장의 성실함에 대한민국 아주머니 특유의 꼼꼼함이 더해져 질 좋은 제품이 만들어졌다. 오 회장은 제품들을 가지고 무작정 해외로 갔다.

전시회가 열리는 곳이라면 지구의 반대편 브라질까지 날아가 열심히 제품을 알렸다. 전시회에서의 반응은 매번 좋았지만 본격적인 매출로 이어지기까지는 시간이 필요했다. 일 년에 일곱, 여덟 번 출장을 가다 보니 비용이 만만치 않았다. 짐 붙이는 요금을 아끼기 위해 여행객들에게 제품이 들어 있는 가방을 부탁했던 것도 예전의 그였다면 상상도 못할 일이었다.

"전시장에서 영업할 때는 절대 물을 안 마셨어요."

전시회에 참여한 사람은 오 회장 단 한 명이었기에 잠시라도 자리를 비울 수 없었다. 잠시라도 자리를 비우면 물건을 도난당할 수도 있고, 바이어가 왔다가 그냥 갈 수도 있기 때문이었다. 화장실 가는 시간도 허락치 않으며 그야말로 죽을 각오로 일에만 집중했던 것이다.

일 년쯤 지나자 노력의 결과가 나타나기 시작했다. 이 나라 저 나라에서 주문이 쇄도했고, 아주머니들은 밤샘작업을 마다하지 않고 제품을 만들어냈다. 더 이상 오 회장 혼자 다섯 명 역할을 할 수 없었다. 아니, 그럴 필요가 없게 된 것이다.

"지금 좀 안 좋은 상황에 있는 사장님들께는 미리 걱정하지 말라는 이야기를 꼭 해주고 싶어요. 이건 미래의 먹을거리를 미리 준비하는 것과는 다른 차원입니다. 아직 일어나지도 않은 안 좋은 결과를 미리 상상하지 말라는 거죠."

　1993년 여름 전까지만 해도 사소한 것에 정말 걱정을 많이 하는 성격이었다. 두 번의 사업 실패 후, 자살을 결심했을 때도 자신으로 인해 돈을 빌려준 동생과 친척들의 삶이 엉망이 되는 상상을 많이 했었다. 하지만 오 회장이 가불했던 걱정과는 달리 그들 나름대로 고통을 이겨내며 잘 살아왔다는 것을 확인할 수 있었다.

　쓸데없는 걱정은 좋은 아이디어와 과감한 시도가 세상에 나오는 것을 막는다. 걱정을 가불하지 않는 자세로 살아가니 그전에는 엄두도 내지 못했던 일들을 하고 있는 스스로를 발견할 수 있었다. 물론 몇 차례 무모한 시도로 좋지 않은 결과를 낸 적도 있었다. 하지만 그럼에도 불구하고 부정적인 생각은 하지 않으려고 노력했다. 더 좋은 결과가 나오기 위한 예행연습이었다고, 밝은 미래를 위한 투자였다고 긍정적으로 생각했다. 그랬더니 정말 다음에는 이전의 실패가 거름이 되어 더 큰 성공을 이끌어냈다.

　"제가 다시 사업을 시작했을 때가 40대 초반이었어요. 주변을 보면 다들 그 나이 또래의 직장인이나 사업가는 어느 정도 자리를 잡고 안정적인 생활을 누리고 있었죠. 그들과 비교하면 제 삶은 정말 하찮기 그지없었겠죠. 하지만 저는 그렇게 생각하지 않았습니다. 나만의 방식으로 내 삶을 꾸려가고 있으니 자랑스럽게 생각했습니다. 열두 명이나 되는 아주머니들의 생계에도 보탬을 주고 우리의 제품을 세계에 선보이는 애

국자라는 자부심을 잊지 않았어요."

항상 부정적인 생각만을 갖고 살던 예전과는 달리 자신감, 당당함으로 전진했던 오 회장의 사업은 빠르게 성장했다. 바로 그때 IMF가 터졌다. 그런데 이 위기가 오 회장에게는 오히려 더 큰 성장의 계기가 되었다. 1993년부터 오 회장은 줄곧 수출만 해왔다. IMF로 달러당 800원 대의 환율이 1900원 대까지 오르게 되니 전량 수출만 하는 오 회장의 입장에서는 같은 양을 팔아도 두 배 넘는 실수익을 거두게 되는 효과가 있었던 것이다.

"그야말로 행운이었죠. 다른 기업들은 모두 엄청난 위기에 헤매고 있을 때, 우리는 그냥 하던 대로 해도 수익이 두 배가 되었으니까요. 운이란 것도 좋은 생각을 하는 사람들에게만 오는 것 같아요. 안 좋은 생각만 하고 있으면 설사 운이 다가와도 그것을 못 보고 지나는 것 같아요. 아마 예전에도 그런 운이 제게 몇 번 왔을 거예요. 그런데 그때는 제가 워낙 캄캄한 곳에서 자신감 없이 한숨만 쉬고 고개 숙이고 있느라 그 운을 못 보고 넘어갔을 겁니다."

열두 명의 시골 아주머니들과 식당 건물 지하에서 출발했던 오 회장. 쭈뼛거림을 없애고 항상 긍정적으로 생각하며 자신감을 갖고 사업에 매진한 결과, 지금은 해외 직원 포함 1400명을 이끄는 탄탄한 기업의 수장이 되었다.

오 회장의 영업비법 1
아무리 좋은 번역기도 감성까지 전달하지는 못 한다

1953년생인 오 회장은 어릴 적부터 소위 '아메리칸 드림'을 가지고 있었다. 그 나이 또래가 다들 그랬듯이 당시의 우리나라는 한국전쟁 이후 너무 어려운 상황이었기에 미국에만 가면 무슨 일을 하든 행복하게 잘 살 수 있으리라는 막연한 생각 때문이었다. 그래서 다른 것은 몰라도 영어 공부만큼은 정말 열심히 했다. 각종 영어 교재와 라디오 방송을 닥치는 대로 섭렵하며 독학을 했고, 틈틈이 이태원에 나가 실전 경험을 해보는 것도 게을리하지 않았다. 이렇게 다져진 오 회장의 영어 실력은 오늘의 메타바이오메드를 만드는 데 큰 기여를 했다.

사업 초기, 이민 가방에 제품 샘플을 잔뜩 넣어 세계 곳곳의 전시회를 누비고 다녔던 때도, 2001년 외과 수술용 봉합사를 독일 메디컬 쇼에 선보일 때도, 2003년 중국 시장에 진출할 때도 오 회장의 영어는 빛을 발했다.

물론 세상이 많이 바뀌었다. 요즘은 영어 잘하는 직원을 고용하거나 최첨단 번역기를 이용하면 되지 않느냐고 말할 수 있는 세상이지만, 사장의 간절한 마음을 직원이나 번역기는 온전히 전달할 수 없을 것이다. 세계 진출을 꿈꾸는 사장이라면 반드시 영어를 공부해두기를 오회장은 당부한다.

오 회장의 영업비법 2
한 번 보면 잊을 수 없는 이미지를 만들어라

오 회장은 일주일에 한 번은 반드시 이발을 한다. 오 회장의 트레이드 마크인 짧은 머리를 유지하기 위해서. 그리고 회사 일을 할 때는 반드시 'META'가 새겨진 푸른색 와이셔츠에 빨간색 넥타이를 착용한다.

영업이 잘되려면 첫째는 제품의 품질, 둘째는 가격이겠지만, 오 회장은 품질과 가격 외에 소비자에게 어필할 수 있는 것이 무엇인지 고민했다. 소비자가 그를 떠올리며 제품을 한 번이라도 더 생각할 수 있지 않을까 하는 생각에 자신만의 스타일을 만들기로 결심한 것이다.

실제로 내가 그를 처음 만나고 헤어진 후에도 오래도록 그의 스타일이 내 머릿속을 떠나지 않았다. 게다가 다시 만났을 때에도 여전히 같은 스타일을 고수하고 있는 그를 확인하고 왠지 모를 반가움까지 느꼈다.

사장은 기업의 얼굴이다. 한번 보면 잊을 수 없는 사장의 이미지는 만들고 가꿔볼 만할 영업 비법이다.

(주)메타바이오메드

충북 청주 오송 첨단 의료 복합 단지 내에 위치해 있는 코스닥 상장 업체 (주)메타바이오메드는 '인간의 질병을 예방하고 치료하며, 인류의 장수와 건강, 행복한 삶을 위해 존재한다'는 사명을 가지고 외과 수술용 생분해성 봉합원사, 내시경 카테타, 치과용 재료와 기기 등 의료 관련 제품을 생산하고 있다. 그리고 이렇게 생산한 제품을 전 세계 100여 개국에 95% 이상을 수출하고 있다.

이처럼 글로벌한 마케팅을 수행하기 위하여 미국 법인, 독일 법인, 중국 법인, 일본 법인 등 전 세계에 마케팅 전진 기지를 구축하였고, 캄보디아, 베트남, 중국에 생산 공장을 가동하며 원가 경쟁력에서 우위를 점하고 있다. 또한 '신뢰받는 최고의 품질, 최상의 서비스와 경쟁력 있는 합리적인 가격으로 공급한다'는 핵심 가치를 기반으로, 끊임없는 R&D 투자를 통해 신제품을 개발하고 직접 생산하여, 전 세계 시장에 직접 판매를 하고 있는 글로벌 메디컬 기업이다.

최근에는 AI, 3D 프린팅, IoT 등 급변하고 있는 4차 산업혁명 시대에 발맞춰 나가기 위해 조직을 정비하고, 의료 진단 기기, 치료기 분야에 R&D 등 기술을 융·복합시켜 퀀텀 점프(Quantum Jump)할 수 있는 기반을 구축해나아가고 있다.

꿈을
현실로
이룰 수
있을까

박승민
소닉티어

우연히 보게 된 일본 애니메이션의 한 장면,
가냘픈 몸의 로봇에서 수백 개의 미사일이
발사되는 모습을 보고
어린 박 사장은 의문을 품게 되었다.
미사일은 모두 곡선을 그리며 날아가는데
소리는 왜 한곳에서만 나는 걸까.

어릴 때 가졌던 꿈과 이상을
어른이 되어 현실화시킬 수 있다면.
그리고 그것이 세상으로부터 인정받고
사업화될 수 있다면….

소닉티어의 박승민 사장이 개발한
소리와 음향 시스템은 국내는 물론
세계로부터 50여 개의 특허를 획득하며
그 가치를 인정받았다.
이제 UHD시대를 맞아, 그의 꿈과 이상이
세상과 만나게 되었다.

꿈을 현실로 이룰 수 있을까
박 승 민

많은 관객들에게 감동과 재미를 선사하며 화제가 되었던 우리 영화 〈명량〉, 〈암살〉, 〈베테랑〉을 본 사람들은 영화의 탄탄한 스토리, 화려한 영상 못지않게 생동감 넘치는 음향에도 큰 점수를 주는 데 이견을 제시하지 않을 것이다. 소리에 크게 예민하지 않은 사람들은 '글쎄, 그게 뭐가 달랐었나?' 반문할 수 있겠지만, 불과 2~3년 전의 영화들 혹은 최근 것이라 하더라도 소닉티어의 입체음향 방식을 채택하지 않은 영화들과 비교해보면 소닉티어의 시스템이 얼마나 생생하게 소리를 전달하고 있는지 알게 될 것이다.

　소닉티어 사무실을 방문해서 실제 시연을 경험하고나니, 기술 하나로 세계시장에 도전장을 내민 박승민 사장의 이야기가 더욱 궁금해졌다. 미디어를 통해 전달되는 소리가 최대한 실제에 가깝게 만들어질 수는 없을까 하는 박승민 사장의 고민은 놀랍게도 초등학교 5학년 때부터 시작되었다.

30년 넘게 고민하고 공부한 결과물들을 하나씩 세상에 내놓으며 큰 보폭으로 나아가고 있는 박승민 사장. 그동안 수없이 내디뎠던 그의 잔걸음의 자취를 따라가보자.

한 가지만 잘하면
먹고살 수 있다

박승민 사장이 개발한 시스템을 제대로 설명하려면 머리가 좀 아파진다. 기술적인 설명 대신 쉽고 간단히 말하자면 최대한 실제와 같은 소리를 전달할 수 있도록 하는 시스템이다. 우리가 즐겨 찾는 영화관의 스크린을 생각해보자.

주인공이 스크린의 좌측 위쪽에서 우측 아래로(대각선으로) 뛰어가며 긴 대사를 한다고 가정했을 때, 우리가 그동안 들었던 소리는 결코 좌측 상단에서 우측 하단으로 이어지는 소리가 아니었다. 시스템적으로 불가능했고 그렇게 할 필요도 굳이 느끼지 못했던 것이다. 하지만 박 사장의 방식은 최대한 소리가 사실적으로 들릴 수 있도록 하는 것을 가능케했다.

그리고 그 생각의 시작은 초등학교 5학년 때로 거슬러 올라간다. 우연히 보게 된 일본 애니메이션의 한 장면, 가냘픈 몸의 로봇에서 수백 개의 미사일이 발사되는 모습을 보고 어린 박 사장은 의문을 품게 되었다. 미사일은 모두 곡선을 그리며 날아가는데 소리는 왜 한 곳에서만 나는 걸까. 물론 초등학생이 음향 관련 전문 지식이 있어서 그런 의문을 품은 것은 아니었겠지만, 어릴 적부터 관찰력이 뛰어났고 음악, 미술 과목을 좋아했던 그에게는 그냥 넘어갈 수는 없었던 순간이었다. 그 후로도 다양한 영상을 접할 때마다 그에게 들려오는 소리들은 박 사장에게 여전히 실제와 다른 아쉬운 느낌으로 다가왔고, 언젠가는 실제와 가장 가까운 소리를 전달할 수 있는 시스템을 만들겠다는 결심을 하게 만들었다.

박 사장이 중학생일 때, 형제처럼 지낸 사촌 형이 영화학과 학생이었다. 사촌 형과 그의 과 친구들을 자주 만나면서 엄청나게 다양한 영화들을 접하게 되었다. 심지어 그 형들의 졸업 작품 편집 작업을 같이 할 정도였다. 그렇게 영화를 볼 때도, 만들 때도 박승민 사장은 항상 소리에 집중했다.

미국 유학 시절 컴퓨터 애니메이션 공부를 할 때, 박 사장의 소리에 대한 열정은 최고조에 달했다. 선진 음향 기술에 목말라했던 박 사장에겐 정말 꿈같은 하루하루였다.

한국으로 돌아온 박 사장은 2008년, 그동안 공부해온 지식을 총동원하여 음향 관련 아이디어 특허를 출원하고 틈틈이 모아두었던 전 재산과 가족의 도움, 주변의 투자까지 받아 사업을 시작했다. 본격적인 연구 개발의 시작이었다. 그 과정이 결코 쉽지 않았지만 2013년, 현존하는 시스템 중에는 가장 실제와 가까운 느낌의 소리를 전달하는데 성공했다. 창립한 지 5년 조금 넘은 소닉티어가 40년 넘게 음향업계 세계 1위를 유지하고 있는 글로벌 기업에 당당히 도전장을 내밀게 된 것이다.

간단한 아이디어로 시작된 박 사장의 특허는 이후 특허청 주관 '첨단부품소재 IP-R&D 전략지원사업'에 선정되었고, 현재는 강력한 특허 포트폴리오가 구축되어 있는 상태라고 한다.

박 사장은 어릴 때부터 '하기 싫은 것은 절대 하지 않았다'고 한다. 학교에 다닐 때도 하기 싫은 과목은 제대로 공부해본 적이 없고, 대신 좋아하는 과목은 밤새는 줄 모르고 파고들었다.

음악, 미술, 수학, 물리가 그것이었다. 특히 음악과 관련해서는 초등학교 때부터 처음 듣는 노래도 바로 하모니카나 기타로 연주할 정도로 특별한 소질을 보였었다.

1990년대 중반, 외국에서 수입한 방송용 컴퓨터 장비들이 조금씩 국내에 들어오기 시작할 때, 장비의 수리와 관련한 전문가는 물론 제대로 된 매뉴얼도 없었다. 그때 박 사장은 장비를 수리하는 일로 적지 않은 돈을 벌 수 있었다. 컴퓨터 장비, 특히 방송용 장비는 학창시절부터 좋아했고 관심을 가지고 있었기 때문에 박 사장을 찾는 곳이 여럿 있었던 것이다.

그러던 어느 날, 그도 도저히 그 문제를 풀 수 없는 컴퓨터 장비가 있었다. 국내에는 읽어볼 책도 물어볼 전문가도 없었다. 그렇다고 외국에 나갈 수도 없었다. 박 사장은 일주일 밤을 세워가며 천 번 넘게 컴퓨터를 리스타트하며 문제를 찾아내기 위해 노력했고, 결국 해결해냈다. 그 과정에서 박 사장은 Non-linear Editing System, SCSI, RAID System, OPEN GL Accelerator 등에 대한 노하우를 습득하게 되었고, 이 노하우는 그 후 여러 가지 연구를 하는데 커다란 도움을 주었다.

초등학교 때부터 지금까지 줄곧 자신이 좋아하는 것만 파고들었던 그의 노력의 결과가 제대로 나타나려면 시간이 좀 더 걸리겠지만, 이름만 대면 알 만한 기관에서 소닉티어에 투자한 것만 봐도 이미 절반의 성공이 예감된다.

여러 가지를 잘해내는 사장과 비교하면 박승민 사장은 오로지 기술과 아이디어밖에 모른다. 하지만 자본을 지원하는 투자처와 회사 경영을 맡고 있는 CFO의 지원을 받아 훌륭히 사장을 하고 있다.

'한 우물만 파라'고 하는 말이 있다. 박 사장이 어릴 적부터 파왔고, 앞으로도 계속 파게 될 우물에서 나올 물의 양이 얼마나 될지 벌써부터 기대된다.

남들이 하지 말라고 할 때는
그럴 만한 이유가 있다
하지만…

박승민 사장이 처음 사업을 시작하려 할 때, 그의 주변 사람들은 열이면 열, 모두가 말렸다고 한다. 그가 뛰어든 분야가 음향 업계이였기 때문이다. 음향 업계는 진입장벽이 너무나 높아 웬만한 자본과 기술이 아니면 아예 시작도 하기 힘든 분야다.

음향과 항상 짝을 이루는 영상 사업의 경우에는 메이저 업체 외에도 중소 영상 기업 수백 개가 공존하며 경쟁을 하고 있지만, 음향 업계는 메이저 업체 대여섯 개가 시장을 완전 장악하고 있기에, 중소기업을 찾아볼 수가 없다. 중간이 없는 업계인 것이다.

어정쩡한 기술은 명함도 못 내밀 뿐더러, 아무리 기술이 좋다 하더라도 이미 확고히 자리를 잡고 있는 글로벌 대기업들과의 경쟁을 위한 기회조차 얻기가 힘들다. 사실이 그렇다보니 주변 사람들은 모두가 바위에 달걀을 치려 하는 그를 말린 것이다. 그러나 박 사장은 그가 개발한 시스템에 대한 확신이 있었다.

하지만 과정이 순탄치만은 않았다. 주변 사람들의 우려 그대로였다. '남들이 하지 말라고 할 때는 다 이유가 있다'는 말이 떠오르는 순간들이었다. 글로벌 대기업들이 안착하고 있는 음향 업계에서는 대한민국의 작은 기업이 시도하는 시스템에는 큰 관심을 기울이지 않았고, 만들어 낸 후에도 테스트의 기회를 얻는 것조차 쉽지 않았다.

시간은 흘러가고 사업 진행이 원활하지 않자, 몇몇 개인 투자자들은 사업 방향을 바꾸자고 박 사장을 조여왔다. 지금은 모두 박 사장의 능력을 인정하고 앞으로 나오게 될 결과를 기대하며 격려하는 입장으로 바뀌었지만, 불과 몇 년 전만 해도 박 사장이 가장 안타까웠던 부분 중의 하나가 주주들과의 갈등이었다고 한다.

아무리 힘이 들어도 가족과 회사 구성원들의 격려로 버텨내는 것이 사장인데, 내 식구들마저 나를 몰라주는 것이 가장 고통스러웠던 것이다. 인터뷰 도중 박 사장이 크게 한숨을 내쉬며 했던 말이 매우 인상적이었다.

"사장은 뜻을 같이하는 사람들과 함께하는 것이 중요한 것 같아요. 물론 지금은 모두 한 마음으로 회사의 발전을 위해 노력하고 있지만, 중간중간 많이 힘들었어요. 사장이 꼭 해야 할 일 중 하나가 회사 조직원들과의 정확한 비전 공유입니다. 그래야 어떤 어려움이 닥쳐도 흔들리지 않고 나아갈 수 있어요."

"네. 그럼 혹시 회사를 그만둘까 고민한 적도 있었나요?"

어쩌면 포기하고 싶었던 순간이 있을 것 같아 던진 나의 질문에 박승민 사장은 단호하게 대답했다.

"아니오. 단 한 번도 그런 적은 없었어요. 처음 구상한 사업 방향에 대한 확신이 있었거든요. 기술적인 뒷받침은 한국전자통신연구원(ETRI)이 하고, 사업적인 뒷받침은 경영 전문가들이 해준다면, 해낼 자신이 있었어요. 그리고 처음에 사람들이 말릴 때부터 어느 정도 각오를 하고 있었어요. 저도 '음향맨'인데 왜 업계 사정을 모르겠어요. 그런데 해내기 쉬운 분야의 사업을 해서 적당한 성공을 거두는 것과 객관적으로 정말 힘든 상황에서 이루어내는 성공 중에서 어느 것이 더 값질지는 물으나 마나 아니겠어요? 저는 후자를 선택한 거죠. 그런데 정말 많이 힘들긴 하더라고요."

열정과 성실함만 있으면 큰 어려움 없이 성공할 수 있는 사업과 아무리 내가 잘해도 여러 가지 이유로 고난이 예상되고 한계가 보이지만 그것을 극복하면 큰 성공이 예상되는 사업. 둘 중에 어떤 것을 선택할 것인지는 결국 '사장의 몫'이다.

소비자는 다양하다
그리고 변덕쟁이다

소닉티어의 입체 음향시스템 제품에는 일반 대중을 위한 극장용 스피커 시스템 외에 프라이빗 시어터 시스템도 있다. 두 가지 모두 동시에 출시되었다. 그리고 각각의 시스템을 대체할 업그레이드된 모델도 이미 연구 중이다.

불과 10여 년 전만 해도 대중적인 것이 성공하면 후에 프리미엄급 제품이 나오거나, 업종에 따라서는 반대로 프리미엄급 제품의 반응이 좋으면 대중들에게도 보급형 모델을 공급하는 것이 일반적인 사업의 전개 방향이었다. 하지만 요즘은 그렇지 않다고 한다.

고급형, 보급형 모두 같은 시기에 내놓아 소비자의 다양한 선택을 받아들일 준비를 해야 하고, 빠르게 바뀌는 소비자의 취향을 저격할 다음 모델도 미리 준비해야 한다는 것. 그만큼 사업하기 힘든 시대인 것이다.

박 사장은 다양한 소비자들을 동시에 사로잡고, 시시각각 변하는 그들의 취향을 재빨리 읽고 맞추어나가는 것이 이 어려운 시대에 살아남는 유일한 해법이라고 말한다.

이제 막 시작 단계인 UHD 방송이 언제 또 과거의 유물로 바뀔지 모르는 세상, 박승민 사장은 벌써 새로운 시스템 개발에 들어갔다.

(주)소닉티어

2011년 4월 창립된 (주)소닉티어(SONICTIER, Inc.)는 특허 기반으로 상업용 극장, 개인용 프라이빗 시어터에서부터 모바일, 컨수머 디바이스에 이르기까지 모든 부분에 적용 가능한 실감 음향 기술을 제공하는 차세대 몰입형 사운드 업계의 이노베이터다.

STA는 SONICTIER AUDIO의 약자로서, 창조자의 감성을 그대로 청취자에게 전달한다는 모토를 갖는 (주)소닉티어 사운드 제품군에 대한 브랜드 네임이다.

(주)소닉티어는 설립 이후 지금까지 음향 산업의 근간이 되는 시네마 부문의 입지 확보를 위해 2014년 한국전자통신연구원(ETRI)과 함께 디지털 시네마 환경을 가장 잘 구현할 수 있는 오디오 프로세서와 코덱을 개발하여, 2017년 2월 현재 한국 내 20개 상용 영화관 및 6개 공연장에 소닉티어 음향 시스템을 설치한 상태다. 현재까지 CGV 여의도점 9개 전관을 포함해 롯데시네마, 메가박스 등 20개 관에서 16채널 기술을 받아들였다.

또한, 2017년 2월 기준, 소닉티어의 입체 음향 기술이 적용된 영화 콘텐츠 라이브러리로는, 영화 〈광해〉, 〈설국열차〉, 〈명량〉, 〈암살〉, 〈베테랑〉, 〈밀정〉, 〈마스터〉, 〈공조〉, 〈더킹〉 등 40여 편이 있으며, 모두 16채널로 믹싱했다.

특히, 2017년부터는 STA라는 새로운 브랜드네임으로 STA 시네마(16채널, 32채널), STA 프라이빗 시어터(16채널, 32채널), STA 플러그인(UHD용 다채널 음향 저작 도구 – 'STA UHD Producer'), STA 갤러리 등 각 사업 영역을 전면적으로 확대하고 있다.

위기는
곧
기회다

민동욱
엠씨넥스

회사가 잘될 때는 걱정이 없다.
사장이든 임원이든 직원이든 모두가 즐겁다.
하지만 회사에 위기가 닥쳤을 때
그 누구보다 사장의 역할은 중요하고
임직원과 그 가족들의 눈은
사장에게로 향한다.

2004년 여섯 명으로 시작한 엠씨넥스는
창사 12년 만인 2015년에
연매출 5천억 원대의 중견기업으로 성장했다.
엠씨넥스의 민동욱 사장이 털어놓는
크고 작은 위기 극복 사례는
지금 사업을 하고 있는, 그리고 앞으로
창업을 계획하는 사람들에게
실질적인 도움이 될 것이다.

위기는 곧 기회다
민 동 욱

휴대폰 카메라와 자동차용 전후방 카메라는 우리의 생활을 편리하게, 또 안전하게 해주는 필수품이다. 하지만 불과 2000년대 초반만 해도 부품을 외국에서 수입해야만 하는, 어려운 기술의 비싼 제품들이었다.

대기업 연구원이었던 민동욱 사장은 2004년 말, 휴대폰 카메라의 대중화를 예견하고 안정적인 직장을 나와 카메라 모듈 전문기업 엠씨넥스를 설립했다. 다섯 명의 후배들과 함께 시작해서 13년 만에 해외 법인 직원 포함 4300여 명의 회사로 키워낸 민동욱 사장. 휴대폰 카메라 모듈의 국산화, 수많은 일자리 창출, 매출 5000억 원 돌파. 그리 길지 않은 시간에 민 사장이 이루어낸 '기적' 같은 일들 뒤에는 크고 작은 '현실적'인 위기들 또한 있었다. '사장을 하다'보면 반드시 맞닥뜨릴 수밖에 없는 '위기 극복'의 문제, 민동욱 사장의 이야기가 그 해답을 제시해줄 것이다.

예측할 수 있는 것은
위기가 아니다

지금까지의 인터뷰 때와 다른 점이 있었다. 민동욱 사장과의 인터뷰는 테이블 위에 엠씨넥스의 매출 추이 그래프를 올려놓고 진행되었다. 자신이 할 얘기를 이해하는 데 큰 도움이 될 것이라는 민 사장의 말 때문이었다.

엠씨넥스는 2017년 현재 창립한 지 14년이 되었는데, 그동안 수많은 위기들이 있었고, 그중 작은 것들을 빼고 큰 위기만 고른다 해도 총 세 번이었다. 창립 3년 후인 2007년, 그리고 2010년과 2012년. 보통, 회사에 큰 위기가 닥치면 그 영향 때문에 최소한 일이 년 이상은 고생을 하는 게 일반적이다. 그런데 엠씨넥스의 경우엔 희한하게도 각 위기 때마다, 잠깐 주춤했던 매출 그래프가 다음 해에는 곧바로 상승했다. 엠씨넥스

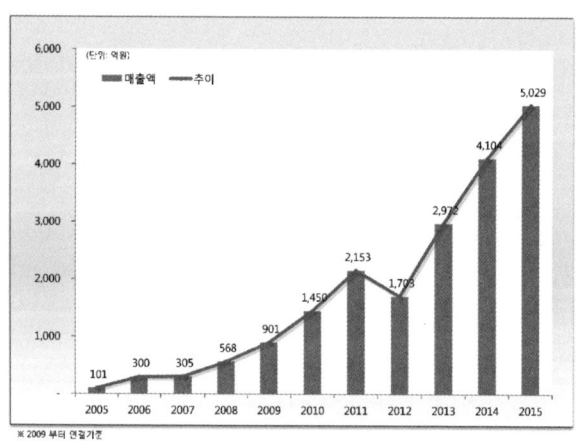

위기는 곧 기회다
민 동 욱

는 그야말로 '위기'를 곧 '기회'로 바꾼 기업이다.

신기해하면서도 의아해하는 내 표정을 본 민동욱 사장이 본격적으로 위기와 관련된 그의 철학을 얘기하기 시작했다.

"기업을 하다보면 크고 작은 위기에 직면하게 되지요. 그런데 위기에도 종류가 있습니다. 내부 요인에 의한 위기와 외부 요인에 의한 위기 두 가지로 크게 나눌 수가 있죠. '방만 경영', '품질 저하' 등에 의해 닥친 소위 '내부 위기'는 즉각적인 대처가 가능하지요. 각각 '긴축 경영', '품질 향상'으로 해결이 가능합니다. 따라서 회사 내부 요인에 의한 위기는 엄밀히 말해 위기가 아닌 것이죠. 예측이 가능하므로 예방 또한 가능하고, 설사 발생했다 하더라도 최대한 빠르게 해결하면 되니까요."

민 사장이 강조하고 싶었던 위기는 바로, 예측이 불가능하기에 딱히 예방할 방법을 찾기 어려운 '외부 요인'에 의한 위기였고, 엠씨넥스가 겪었던 세 번의 큰 위기 또한 바로 '외부 요인'에 의한 것이었다. 민 사장은 '위기관리 능력'은 사장이 반드시 가지고 있어야 할 소양이라고 강조하며, 그가 경험한 세 번의 큰 위기와 각각의 위기를 극복할 수 있었던 묘책에 대해 설명해주었다.

인터뷰 시간의 반 이상을 할애하며 민 사장의 위기 극복 이야기를 들은 나는 놀라지 않을 수 없었다. 왜냐하면 세 번의 위기가 발생했던 이유는 각각 예상치 못했던 다른 이유들이었는데, 그것을 해결할 수 있었던 방법은 모두 한 가지였기 때문이다.

민 사장의 말대로 회사가 예기치 않게 직면하게 되는 위기를 극복하는 것은 사장이 지녀야 할 가장 중요한 능력이다. 실제 민동욱 사장이 경험한 세 번의 큰 위기에 관한 이야기를 풀어보고자 한다. 인터뷰 당시 민 사장으로부터 들은 사실만을 나열해볼 테니 독자 여러분 스스로가 '위기 극복의 해법'을 추측해보는 건 어떨까 싶다. 참고로 답이 생각보다 어렵지는 않다.

첫 번째 위기
2007년 불어닥친 미국발發 금융 위기

민동욱 사장은 2004년 말 회사를 창업한 이후 2~3년 동안 내수 위주의 영업을 해왔다. 매출 그래프에서도 알 수 있듯이, 업계에서도 인정하는 훌륭한 기술(연구원 시절, 민 사장은 3년 연속 세계 최초 새로운 휴대폰 카메라를 개발한 적이 있다)을 가지고 있는 민 사장의 휴대폰 카메라는 놀랍게도 창립 다음 해인 2005년 말부터 매출이 발생하기 시작해 2006년에는 300억 원까지 오르는 기염을 토하며 승승장구했다.

그런데 누구도 예상치 못했던 미국발 금융 위기가 2007년 갑자기 닥쳐온 것이다. 환율의 불안정이 가장 큰 변수로 작용했다. 부품의 상당수를 수입하고 판매는 국내 위주로 하고 있었던 엠씨넥스에게 그야말로 예상치 못한 위기였다.

지출은 달러로 하고, 매출은 원화로 걷어들여야 했기 때문에 20~30%

의 원가 왜곡(환율이 1달러 당 1000원일 때 10000원 짜리 물건의 원가가 5달러 였다면 비용 5000원에 수익 5000원이겠지만, 환율이 1달러 당 1300원으로 오르면 같은 물건을 10000원에 팔아도 달러로는 같은 1달러지만 원화로는 비용이 6500원으로 실제 원가가 올라가고 수익은 3500원으로 줄게 되는 상황)이 발생한 것이다. 똑같은 양을 팔아도 이익이 훨씬 적어진 상황인데, 설상가상으로 주 거래처였던 국내 중견기업들이 위기를 극복하지 못하고 잇달아 부도를 냈다. 창업 다음 해 말부터 해마다 매출이 증가하고 있었기에 여러 분야에 투자를 늘리며 규모를 키워가고 있던 민 사장은 갑자기 맞닥뜨린 상황에 당황했고 해결책을 쉽게 찾을 수 없었다.

직원들의 급여까지 밀리는 참담한 상황이 이어졌고, 민동욱 사장은 어떻게든 위기를 극복하기 위해 최선의 노력을 했지만 별다른 돌파구가 보이지 않았다. 지지부진한 상황이 지속되며 인고의 시간을 보내고 있었다. 그런데 기적과 같은 일이 2008년 말에 일어났다. 바로 일본과 대만에서 수출이 터진 것이다.

민 사장은 엠씨넥스가 한창 국내시장에서 성과를 내고 있던 2005~2006년부터 미래를 위한 준비를 해오고 있었다. 쉽지 않겠지만 언젠가는 이루어지리라 확신하고 일찌감치 일본과 대만 영업소를 설치하고 수출을 도모했던 것이다. 대개의 외국 기업과 달리 일본과 대만은 전통적으로 대기업이 아닌 전문 기업을 인정하는 문화가 있음을 알고 있었던 민 사장은 2년 넘게 이 두 나라에 대해 지속적인 노력을 기울이고 있었고, 위기의 순간에 마치 드라마처럼 수출 계약이 성사된 것이다. 특히 휴대폰 카메라 종주국 격인 일본에 한국 카메라 모듈 제조업체로서는 최초로 수출을 하는 쾌거를 거두게 되었다.

일본과 대만으로의 수출 덕분에 2007년에 주춤했던 매출이 다시 증가하여 2008년에는 500억 원을 훨씬 웃돌면서 잠시 동안의 침묵을 깨게 된 것이다.

두 번째 위기
2010년 유럽발發 위기와
엔화 대출 상환의 압박

미국발 위기의 여파가 시원하게 가시진 않았지만 일본, 대만으로의 수출 증가와 내수에서도 안정을 찾으며 선전하고 있던 2010년, 엠씨넥스에 두 번째 위기가 닥쳐왔다. 이번에는 유럽으로부터 출발한 경제위기와 엔화 대출의 상환시기가 다가오는 데 따른 자금 압박이었다. 엠씨넥스가 엔화를 대출했던 2008년 이전에는 100엔당 780원 정도였다. 그런데 상환해야 하는 시점에서의 환율은 100엔당 약 1400원, 거의 배에 가까웠다. 누구도 예측할 수 없었던, 그야말로 외부 요인에 의한 위기였다.

2007년과 같은 정도는 아니었지만 적잖이 당황하고 있던 때에 민 사장에게 또다시 행운의 여신이 미소를 지으며 다가왔다. 정확히 말하면 행운은 아니었다. 언제일지 모르지만 일찌감치 준비하고 있던 것이 위기의 순간에 또 터져준 것이다.

휴대폰 카메라만큼이나 대중화될 것이 확실하다고 믿고 준비해왔던 자동차용 카메라의 장착이 국내외에서 활기를 띠기 시작했고, 많은 사람들이 무모하다고 말리는데도 불구하고 추진했던 중국 시장 진출이 성사되어 매출이 급성장하게 된 것이다. 2010년 위기를 맞았던 엠씨넥스의 2011년 매출이 2000억 원을 돌파한 것을 보면 정말 신기할 정도다.

세 번째 위기
2012년 일본 매출의 급감과
국내 주거래 기업의 부도

민동욱 사장이 엠씨넥스를 창업한 것은 2004년 말이었다. 대기업 연구원으로 10년 정도 근무하면서 연마한 세계 최고의 기술을 바탕으로 다섯 명의 동료와 함께 휴대폰 카메라를 제조하는 작은 기업을 만든 것이다. 지금도 그렇지만 당시에도 휴대폰 업계는 국내외 몇몇 대기업이 장악하고 있었고, 휴대폰을 구성하고 있는 다양한 부품들은 대기업이 직접 만들거나 계열사가 만드는 것이 일반적이었다.

엠씨넥스는 대기업도, 대기업의 계열사도 아니었기에, 자연스레 중소·중견기업을 타깃으로 해야만 했다. 그마저도 쉽지 않아 창업 후 약 9개월 동안 매출 없이 버티다가 그 시절을 지나 서서히 기술력을 인정받고 나서야 연 매출 2000억 원이 넘는 회사로 성장한 것이다.

2012년, 예기치 못했던 또 한 번의 위기에 봉착했다. 2010년 위기 때, 돌파구를 만들어주며 효자 노릇을 했던 일본 거래처들의 인수 합병과 휴대폰 사업부 청산 등으로 인한 매출 급감, 그리고 국내 매출의 상당 부분을 책임져주었던 국내 기업의 부도 위기가 그것이었다. 더구나 주식시장에 상장했던 첫 해가 2012년이었는데, 상장 전 2000억 원이 넘었던 매출이 상장하자마자 1700억 원으로 떨어지면서 주가가 반 토막이 나며 회사 이미지가 실추되는 참담한 결과를 맛보게 된 것이다.

그런데 이번에도 민 사장이 꾸준히 준비해왔던 노력이 적절한 타이밍에 결실을 맺게 되는 일이 벌어진다. 2008년경부터 문을 두드려왔던 휴대폰 업계 최대 기업과의 계약이 성사되어 2013년부터 상상을 초월한 성장을 시작하게 된 것이다.

그 이후, 2012년 위기를 언제 맞았는지 기억도 나지 않을 정도의 순항이 이어진다. 2013년에 2970억원, 2014년에 4100억원에 이어 급기야 2015년에는 창업 12년 만에 연 매출 5000억 원을 돌파하게 된 것이다.

창업 14년차 사장인 민동욱 대표가 그동안 겪었던 위기 중에서 작은 것들은 빼고 굵직한 세 번의 위기 이야기만을 들어보았다.

예측할 수 없는 외부 요인에 의한 위기를 극복하는 방법은 민동욱 사장의 경험에서 알 수 있듯이, 바로 '미리 준비하는 것'이다. 국내에서의 판매가 잘되고 있을 때, 해외 진출의 기반을 마련하기 위한 노력을 게을리하지 않았고, 휴대폰 카메라 매출이 호조를 보일 때 미리 자동차용 카메라의 개발 및 영업 방향을 모색했으며, 중견기업을 주 거래처로 사업을 하면서도 끊임없이 대기업에 노크를 해왔다는 것.

위기는 곧 기회다
민 동 욱

위기 극복 이야기는 충분한 것 같아서 다른 이야기로 넘어가려는 내게, 민동욱 사장은 식당의 예를 들며 다시 한 번 위기 극복의 중요성을 강조했다.

"어떤 식당에 A라는 메뉴가 아무리 잘 팔리고 있어도, 사장은 A'나 B 메뉴 개발을 합니다. 어느 날 갑자기 A를 좋아하던 고객의 입맛이 변할 수 있고, A의 주재료 값이 폭등할 수도 있으니까요."

예측이 되는 건 위기가 아니다. 그리고 위기가 왔을 때 준비하면 이미 늦는다.

법인法人에는 사람 인人이 들어 있다

민동욱 사장은 카메라 모듈에 관한 한 최고의 기술을 가지고 있던 대기업 연구원 출신이다. 그가 창업했을 때부터 지금까지 꼭 지키고 있는 자신과의 약속이 있다. 그것은 그가 겪었던 세 번의 큰 위기를 맞았을 때도 역시 예외가 없었다.

'회사가 먼저 직원에게 그만두라고 하지 않겠다'는 것과 '연봉의 동결은 절대 없다'는 두 가지 약속이다. 특별한 이유 때문에 어쩔 수 없이 세 명의 직원이 회사를 나가게 된 것을 제외하고는 크고 작은 위기와 함께했던 지난 14년 동안 단 한 번도 정리해고를 한 적이 없었다. 급여 지급이 조금 늦어진 적은 있었지만 아무리 적은 폭이라도 매년 연봉을 인상해왔다.

"대기업 직원들은 연봉도 높고 여러 가지 복지 혜택을 받잖아요. 저도 대기업 출신이었기 때문에 잘 알고 있었죠. 비록 엠씨넥스는 작은 기업이지만, 처음 시작할 때부터 직원들이 불안해하지 않고 일할 수 있는 환경과 매년 조금씩이라도 그들에게 희망을 제시하겠다는 결심을 했어요. 물론 힘들 때도 많았지만 제가 세운 원칙을 지켰더니 구성원들의 회사에 대한 신뢰와 사랑이 커져서 결국 회사 발전에 이바지하는 것으로 돌려주더라고요. 수많은 위기들을 극복할 수 있었던 것도 다 우리 임직원들이 열심히 회사를 위해 뛰어준 덕분이에요. 법인法人이라는 말에도 사람 인人 자가 들어가잖아요. 결국 회사도 사람이 만들고 이끌어갑니다. 앞으로도 구성원들의 행복을 최고 가치로 생각하는 제 경영 원칙에는 변함이 없을 겁니다."

사람을 우선으로 하는 경영 철학을 거침없이 이야기하던 민 사장의 눈가가 마지막 말을 끝낸 후에 조금 촉촉해진 것을 발견할 수 있었다. 그동안 애써준 사람들에 대한 고마움을 앞으로도 잊지 않겠다는 각오가 느껴졌다.

사장의
자리

"요즘 드라마나 영화에 보면 멋진 사장들의 모습을 많이 볼 수 있죠. 능력은 물론이고, 외모까지도 최고인 사장들. 그런데 그건 말 그대로 드라마, 영화 속 이야깁니다. 실제 사장들은 저처럼 그렇게 뛰어난 외모도,

대단한 능력도 갖추고 있지 않은 것 같아요. 저만 그런 걸까요? 아무튼 대신 아주 중요한 것을 가지고 있어야 합니다. 바로 책임감이죠. 모든 것을 책임져야 하기 때문에 드라마나 영화에서처럼 결코 멋진 모습으로만 살아가기가 쉽지 않아요."

사장을 꿈꾸는 많은 사람들에게 꼭 해주고 싶은 이야기가 무엇인가 하는 질문에 민동욱 사장은 비장한 표정으로 말문을 열었다.

연 매출 5000억 원이 넘는 중견기업으로 성장한 엠씨넥스. 하지만 오늘의 성장이 있기까지는 민 사장이 눈물을 머금고 견뎌냈던 인고의 과정이 있었다. 회사의 급한 일을 해결하기 위해 무려 18개월 동안 자신의 급여를 가져가지 못했던 시절도 있었고, 단지 지출을 줄이는 것으로는 해결이 안되고, 몇천만 원이라도 더 끌어와야 하는 상황이 되자 자신의 신장腎臟 하나를 팔려는 극단적인 생각을 했던 적도 있었다.

"사장은 회사를 믿고 열심히 일해주는 식구들을 책임져야 하는 자리에요. 게다가 부모님이 계시면 봉양해야죠. 자식이 있으면 키워야죠. 책임져야 할 것이 한두 가지가 아니에요. 사장은 정말 힘들고 멋없는 자리에요. 사장을 하고 싶은 분들은 일단 멋없을 각오부터 하셔야 할 거에요. 대신 그 각오로 최선을 다하면 언젠가는 멋있어지겠죠."

"그럼 사장님은 이제 멋있어지신 거네요."

부정적인 얘기만을 이어가다 뭔가 밝은 쪽으로의 전환이 이루어질 것 같아 냉큼 던진 나의 말에 민 사장은 여전히 같은 맥락의 얘기를 더 했다.

"아뇨, 전 지금도 멋있을 여유가 없어요. 엠씨넥스는 급변하는 IT 세상의 눈이 되어야 하거든요. 앞으로도 고민해야 할 일, 실천해야 할 일이 너무 많아요. 지문인식 센서에서 홍채인식 센서로 발전했죠. 그 다음은 무엇일지 고민해야죠."

결국 사장은 정말 멋없고 힘들기만 한 자리인 것으로 이야기는 마무리되었지만, 그의 말처럼 모든 것을 책임지겠다는 자세로 일하는 사장의 모습이야말로 세상에서 가장 멋진 모습임에 틀림없다.

위기는 곧 기회다
민 동 욱

(주)엠씨넥스

(주)엠씨넥스는 현대전자 출신의 민동욱 대표이사가 2004년 창립한 영상 종합 솔루션 기업이다. 스마트폰용과 차량용 카메라를 기반으로 구동계(Actuator)와 홍채 및 지문 등 생체 인식 모듈, 자율 주행, 지능형 운전자 보조 시스템(ADAS-Advanced Driver Assistance Systems) 시장의 센싱을 포함한 영상 처리 기술 등을 연구 개발·제조한다.

서울 가산동에 본사를 두고 본사의 R&D센터와 자동차용 제조라인을 가동 중이며, 중국, 베트남 생산 법인과 미국, 일본, 대만 등에 판매 법인을 보유하고 있으며 이를 통해 삼성전자, 현대자동차, 기아자동차, 푸조, 볼보, 현대모비스 등 국내외 40여 개의 글로벌 Top-Tier 고객사에게 납품하고 있다. 국내외 법인의 결실로 2015년 5029억이라는 최고의 실적을 달성했고, 전체 매출의 80%가 넘는 4166억 원을 글로벌 고객사에 수출하며 전 세계로 뻗어나가는 글로벌 업체로 성장했다.

모바일용 카메라 모듈, 자동차용 카메라 모듈, 시스템 사업부분을 진행하고 있으며 크게 3가지 사업부를 통해 스마트폰용과 자동차용 카메라의 B to B제품부터 IP카메라, 블랙박스 등의 B to C제품에 이르기까지 소비자의 욕구를 만족시키기 위해 끊임없이 발전해나가고 있다. 제품 성장 원동력은 R&D센터를 통한 끊임없는 연구 개발로 고객의 니즈를 파악하고 그 솔루션을 제공하기 때문이다.

지금도 세계 시장 추세에 주목하며 생체 인식과 듀얼 카메라로 진화하고 있는 스마트폰 카메라와 ADAS, 자율 주행, Mirrorless로 발전하고 있는 자동차용 카메라 모듈 그리고 디지털 정보 디스플레이(DID: Digital Information Display)와 VR/AR등의 시스템 사업부 영역까지 아낌없는 투자로 사업을 확장하고 있다.

PART 5

결국은
경쟁력이다

녹색 반지의 사나이

김상국
비타민하우스

대한민국 대표 건강 전문 기업
비타민하우스를 이끌고 있는 김상국 사장.
세상에 부끄러운 일은 없다고 그는 말한다.
아무리 하찮은 일이라도
자신의 일은 가장 소중하고 값지다.
내 일을 부끄러할 것이 아니라 그 일을
잘 해내지 못하는 자신을 부끄러워해야 한다.

사장은 절대 변하지 말아야 할 것과
반드시 변해야 할 것이 있다고 말한다.
절대 변하지 말아야 할 것은
임직원을 식구로 생각하는 따뜻한 마음,
즉 인성이며
반드시 변해야 할 것은
사장으로서의 목표와 사고라는 것이다.
인성은 변하지 말아야 하며,
목표는 변해야 하는 것이 바로 사장이다.

녹색 반지의 사나이
김 상 국

비타민하우스의 김상국 사장의 손목과 손가락에는 항상 ROTC(학군 사관후보생) 동기회에서 만든 시계와 반지가 채워져 있다. 군 생활을 오랫동안 하다가 제대한 것도 아닌데 시계의 경우에는 캐주얼용, 정장용 각각 한 개씩 나누어 가지고 있을 정도로 군인이었음을 자랑스럽게 생각하는 그. 짧은 시간이었지만 큰 깨달음을 주었던 소대장 시절의 마음으로 사업하기 위해서라고 한다.

군인에서 회사원 그리고 사장

김상국 사장이 초등학교 3학년이었을 때, 동네 140여 가구 중 딱 한 집에만 TV가 있었다. 그 집의 TV를 통해 우연히 보게 된 '국군의 날 퍼레이드'는 어린 그의 머리에 강한 인상을 남겼고, 그때부터 김상국 사장의 꿈은 군인이 되는 것이었다.

중·고등학교를 거치면서 그의 꿈은 더 확고해져갔고, 대학을 갈 때도 하고 싶은 공부나 인생의 다른 목표가 있어서가 아닌 오로지 군인 장교가 되기 위한 ROTC 지원을 위해 대학을 갔을 정도였다. 계획대로 대학 3~4학년 때, ROTC 과정을 마치고 소위로 임관하여 칠성부대 박격포 소대장으로 생활하게 되었다. 그런데 막상 군 생활을 해보니, 결정적인 점 하나가 김 사장을 괴롭혔다.

군대라는 곳은, 창의적이고 생산적인 일들, 소위 튀는 일을 잘하는 사람과는 어울리지 않는 곳이었다. 위로부터 떨어진 명령에는 다른 의견을 달거나 절충안을 제안하는 것이 불가능했던 부분은 끼와 열정으로 똘똘 뭉쳐 있던 젊은 그에게 어릴 때부터 키워왔던 꿈을 접지 않을 수 없게 했다. 의무 복무만 마친 후 제대한 김상국 사장. 사회 경험이라고는 군사 훈련과 대학 다니면서 했던 아르바이트가 전부였기에 영업사원을 필요로 하는 대기업에 지원했고 장교생활 경험과 인도네시아어 전공인 점을 인정받아 바로 입사할 수 있었다. 당시 입사 동기들은 대부분 내근직을 희망했지만, 김 사장은 동기들에 비해 자신이 상대적으로 컴퓨터 능력이나 경영, 경제학 상식이 부족함을 알았기 때문에 영업부에 지원했다. 그때부터 영업맨으로서의 그의 삶이 본격적으로 시작되었다.

열정과 성실함 하나로 열심히 근무한 결과 국내에서는 영업왕 타이틀을 수차례 차지했고 인도네시아 지사로 발령을 받고 나서는 해외에서도 뛰어난 실적을 거두며 승승장구했다. 그러나 김상국 사장이 한국 본사로 돌아왔을 때엔 IMF로 구조조정의 칼바람이 불었다. 대부분의 동기들이 회사를 나가는 상황에서도 김 사장은 능력과 그동안의 공을 인정받아 회사에 남을 수 있었다. 하지만 깊은 고민에 빠졌다. 혼자 살아남은 기쁨보다는 동고동락했던 동기들에 대한 미안함이 컸고, 아무리 잘해도 외부적 요인에 의해 운명이 좌지우지되는 삶에 회의를 느꼈다. 열심히 일하고 노력하면 아무 걱정 없이 살 수 있는 일을 하고 싶었다.

회사에 사직서를 내고 무작정 고향인 광주로 내려갔다. 각종 드링크제와 건강 기능 식품을 거래처에 파는 사업을 시작했다.

장군을 꿈꿨던 열 살 소년이 비로소 자신에게 맞는 일을 찾게 된 순간이었다. 이렇게 해서 그는 사장이 되었고 지나온 삶에서의 경험은 그가 사장이라는 역할을 하는 데 있어서 단 하나도 버릴 게 없는 소중한 자산이 되었다.

군대에서
배운 것

TV 프로그램 촬영으로 만났을 때도 책 집필을 위한 인터뷰를 위해 만났을 때도 김 사장의 겉모습에서 변하지 않는 두 가지가 있었다. 성직자 느낌을 주는 차이나풍 셔츠에 은색 재킷과 ROTC 동기생들에게 주었다는 시계와 반지. 비슷한 스타일을 고수하고 보통 기념품으로 보관하는 시계와 반지를 평소에도 늘 착용하는 이유에 대해 물었다.

"이렇게 입으면 넥타이 안 매고서도 상대에게 신뢰감을 줄 수 있어 자주 입게 되는 것 같아요. 그리고 ROTC 시계랑 반지는 소대장하면서 배운 정신을 잊어버리지 않으려고요."

"아, 네. 그런데 군인의 삶에 회의를 느껴서 그만두신 거 아닌가요?"

"무조건 명령에 복종해야 해서 열린 사고가 대접받지 못하는 것 외에는 참 많은 것을 배웠어요. 그리고 그중에 두 가지는 사업에 적용했더니 정말 많은 도움이 되어 기억하기 위해 늘 착용합니다."

김 사장은 군대에서 배운 정신 중 '안 되면 되게 하라'와 '내가 먼저 보고 쏜다' 정신을 사업에 적용해서(특히 영업에 적용) 다섯 명의 직원들과 출발한 정말 작은 회사를 시작한 지 6년 만에 임직원 300명의 강소기업으로 키워냈다.

먼저, 안 되면 되게 하라. 건강에 좋은 각종 드링크제를 거래처에 납품했던 초기부터, 전 직원에게 '첫 방문에 거래가 성사되는 경우는 거의 없으니, 될 때까지 방문한다'는 원칙을 강조했다. 기존 거래처가 있는 상태에서 거래처를 바꾸기 꺼려 했던 고객들도 김 사장 팀원들의 지치지 않는 노크에 시간차가 있긴 했지만 결국 거래를 허락하게 되었다.

그리고, 내가 먼저 보고 쏜다. 적敵이 나를 보고 쏘고 난 후에 대

응을 하는 것이 아닌 적에게 먼저 공격을 가하는 것 또한 중요한 원칙으로 삼았다. 거래처가 요구하면 수동적으로 해결하는 것이 아니라, 거래처에 여러 가지 새로운 제안들을 먼저 해서 거래처가 김 사장의 업체로부터 컨설팅을 받는 느낌까지 주게 했다. 그리고 항상 한발 먼저 앞서 생각하고 시도하니 경쟁 업체가 끼어들 틈이 없었다.

절망적인 순간에도 포기하지 않고 될 때까지 밀어붙이며 거래처에서 먼저 연락이 올 때까지 기다리지 않고 먼저 두드리는 것. 김 사장이 ROTC 시계와 반지를 보며 매일 다짐하는 영업 정신이다.

세상에
부끄러운 일은 없다

가난한 집의 아들로 태어난 김 사장. 김 사장은 대학 1학년 때부터 아르바이트를 했다. 지하철에서 신문을 파는 일이었다. 당시 신문팔이는 가출 청소년이나 고아 출신의 청년들이 주로 했던 일이었다. 김 사장 같은 대학생이 신문팔이를 하는 경우는 거의 찾아보기 힘들었다. 하지만 학비와 생활비가 당장 필요했던 김 사장은 고향 친구의 권유로 신문팔이를 하게 되었다. 신문팔이는 마음만 먹으면 바로 시작할 수 있는 일이었고, 현실적으로 체면 따위를 신경 쓸 여유가 없었다.

막상 나가보니 생각보다 만만치 않았다. 많은 사람들 앞에 서자 수치심이 몰려왔고 수년간 경험이 쌓인 다른 친구들에 비해 속도나 체력 등 여러 면에서 열세였다. 다른 친구들이 하루 300부 정도의 신문을 팔 때, 대학생이었던 김 사장은 100부도 채 팔지 못하는 날이 허다했다. 이대로는 안되겠다 싶어 김 사장은 전략을 세웠다.

'일단 부끄러워하지 말자. 대학생이 신문 팔면 안 되는 법이라도 있는가? 오히려 자랑스러워하자. 그리고 대학생이라는 장점을 살려보자. 그날 팔 신문을 먼저 읽고 중요한 내용을 손님들에게 알리며 팔자. 그냥 들이미는 것보다 그날의 속보 등의 흥미로운 내용을 얘기하면 사고 싶은 마음이 더 들 수도 있을 거야.'

김 사장은 바로 실천에 옮겼다.

"김일성이 심장병에 걸렸대요."

"내일 아침 기온이 영하 10도로 떨어진대요."

신문의 주요 내용들을 간단히 얘기해주며 지하철을 누볐다. 대학생이 신문을 판다는 수치심보다 사람들이 꼭 알아야 할 내용이 들어 있는 신문을 전달한다는 자부심을 갖기 시작했다. 결과는 놀라웠다. 수년간의 노하우를 가지고 있는 베테랑 신문팔이들도 많이 팔면 하루 300부를 파는데, 김 사장은 평균 500부를 팔아낸 것이다.

대기업 영업사원 시절에는 이런 일이 있었다.

서울 시내 한 백화점에서 회사의 신제품 고추장을 홍보하는 이벤트가 있어서 김 사장이 파견되었다. 전통적으로 그 백화점에서는 경쟁사 제품에 밀려 김 사장 회사가 고전하고 있었다. 이벤트 날이 다가오기 전에 그는 전략을 세웠다. 평범한 방법으로는 승산이 없던 지역이기에 악기를 연주하고 노래도 부르기로. 제품이 고추장이니 악기도 전통악기인 장구로 선택하고 주말이니 다양한 계층의 고객들이 올 것을 예상해 트로트, 민요, 동요 등 여러 장르의 노래들을 연습했다.

행사 당일, 김 사장의 이벤트 부스에는 공연을 구경하고 제품을 사려는 사람들로 인산인해를 이루었다. 심지어 경쟁사 여직원들까지 구경을 올 정도였다. 그때 우연히 고등학교 동창의 가족을 만나게 되었다. 보통 사람이라면, 시골에서 서울로 대학을 간 데다, 군인 장교를 하다가 그만두고 대기업에 입사했다는 소식까지 알고 있는 친구 앞에서 장구 치고 노래 부르며 고추장을 팔고 있는 자신의 모습이 부끄러웠을 것이다. 하지만 김 사장은 그렇지 않았다. 오히려 친구에게도 마이크로 말을 건네며 "얼마나 맛있는 고추장인지, 시골 친구까지 식구들 데리고 사러 왔다"고 너스레를 떨었다.

김 사장은 자기가 선택한 일을 하는 동안만큼은 자신의 일을 사랑해야 한다고 말한다. 자신도 사랑하지 않으면서 남들이 그것을 좋아해주기를, 사주기를, 이용해주기를 바라는 것은 말이 안 된다고 믿는다. 도둑질, 강도, 살인 같은 범죄가 아니면 세상에 부끄러운 일은 없다. 아무리 하찮은 일일지라도 내 일은 소중하다. 내 일을 부끄러워할 것이 아니라 그 일을 잘 못해내는 자신을 부끄러워해야 한다.

변하지 말아야 할 것과
변해야 할 것

　김상국 사장은 인성을 참 중요시한다. 그래서 비타민하우스 신입사원 최종 면접 때 김 사장이 가장 많이하는 질문은 인성과 관련된 것들이다. 면접을 통과한 신입사원들의 연수 프로그램 중 가장 큰 비중을 차지하는 것 역시 인성교육 프로그램이다. 회사에서의 첫 경험인 연수 때 인성의 중요성을 절감하게 하여 평생토록 따뜻하고 열정적인 비타민하우스 요원으로 생활해주기를 바라는 마음에서다.

　앞 못 보는 맹인을 인도하는 역할극, 동료가 책상 위에서 눈을 감고 떨어지면 다른 동료들이 아래에서 받아주는 상황극, 서로의 손을 맞잡고 3분 이상 대화하기, 아무 말 없이 상대를 따뜻하게 안아주기 등 구성원 사이의 소통과 교감의 중요성을 인식하도록 하는 데 많은 시간을 할애한다. 이런 프로그램을 경험하고 난 직원들은 연수의 마지막 날 저녁에 주어지는 자유시간을 통해 그들끼리의 소통을 더함으로써 동질감과 애사심을 가슴에 안고 비타민하우스 요원으로서의 첫걸음을 내디딘다.

　비타민하우스는 1998년에 고향으로 내려온 김상국 사장과 다섯 명의 직원들이 드링크제와 몇 가지 건강 기능 식품 유통을 하는 작은 회사로 출발해 2010년까지 국내외 각종 비타민과 건강 기능 식품을 유통하는 기업으로 성장해왔다. 유통업계에서는 '망하고 싶으면 제조에 손대라' 하는 말이 있을 정도로 유통 전문 중소기업이 제조에 눈을 돌리지 말아야 하는 것은 불문율처럼 여겨져왔다.

김 사장도 그런 마음으로 10년 넘게 유통사를 잘 운영해왔다. 그런데 2010년에 생각이 바뀌게 되었다. 당시 비타민하우스가 미국, 캐나다, 호주 등으로부터 수입해서 유통하는 건강 기능 식품들은 국내 소비자들의 사랑을 듬뿍 받고 있었다. 그러던 어느 날, 공급량이 부족해서 소비자들에게 약속을 지킬 수가 없게 되는 사태가 발생했다. 웃돈까지 얹어줄 테니 제발 추가 물량을 만들어달라 부탁했지만 외국 기업들은 받아들이지 않았다. 만약 비타민하우스가 제조까지 겸하고 있었다면 밤을 새워서라도 물량을 맞출 수 있었을 텐데 그럴 수 없는 현실이 너무도 안타까웠다. 그리고 점점 커지는 회사 규모에 맞게 식구들도 늘어나고 있는 상황이어서 불어난 식구들을 책임질 수 있는 미래의 먹거리 확보 또한 필요했었다. 바로 그때, 국내에 있는 한 제조 공장 사장이 거의 망해가는 공장을 그냥 가져가라는 제안을 했고 김 사장은 큰 결심을 하게 되었다.

김 사장 혼자만의 회사였다면 안정적이지 못한 일은 쳐다보지도 않았겠지만, 300명 넘는 식구들을 이끌어가야 하는 사장이었기에 회사의 성장을 위한 변화의 기회를 놓칠 수 없었다. 단, 변화에는 반드시 연습이 필요하다는 생각에 2년여 동안 전 공장 사장이 제조 전반을 책임진다는 전제하에 조심스럽게 제조까지 겸하는 변화를 도모했다. 2년 후엔 완전히 공장을 인수하여 계열사로 만들어 제조에도 박차를 가했고 유통에 제조를 겸한 지 7년 만에 마침내 회사의 매출이 세 배 넘게 성장하는 결과를 만들어낼 수 있었다.

그는 사장은 절대 변하지 말아야 할 것과 반드시 변해야 할 것이 있다고 말한다.

절대 변하지 말아야 할 것은 임직원을 식구로 생각하는 따뜻한 마음, 즉 인성이며 반드시 변해야 할 것은 사장으로서의 목표와 사고라는 것이다.

아무리 세월이 흘러도 어려울 때 동고동락해준 임직원들에 대한 고마움과 미안함을 잊어서는 안되며, 늘어가는 식구와 커져가는 규모를 감당할 수 있도록 새로운 아이템 발굴, 사업 영역 확장 등을 시기적절하게 시도할 수 있는 도전정신이 사장에게 필요하다. 단, 변화를 도모할 때는 실패율을 최대한 줄일 수 있도록 철저한 준비가 선행되어야 한다. 인성은 변하지 말아야 하며 목표는 변해야 하는 것이 바로 사장이다.

회사
오래 다닐 필요 없다

비타민하우스에는 비정규직 직원이 단 한 명도 없다. 정년도 65세다. 직원들이 큰 걱정 없이 오래도록 회사 생활을 할 수 있도록 하기 위함이다. 하지만 김 사장은 직원들을 만날 때마다 회사에 오래 다닐 필요 없다고 이야기한다. 3년이든 5년이든 제대로 배우고 열심히 경험 쌓아서 자신처럼 창업할 수 있는 능력을 만들라고 권한다. 그때가 되면 비타민하우스가 사업할 수 있도록 돕겠다고.

녹색 반지의 사나이
김 상 국

실제로 비타민하우스 출신 중에 서른 명 넘는 대리점 사장들이 있다. 비타민하우스는 얼마 전부터 대리점 체제로 전환을 하고 있다. 사업 능력이 있는 직원들에게 기회를 주고 회사와 윈윈하겠다는 의도다. 비타민하우스에서 근무하는 동안 사업하는 법을 배우고 연마한 사람들은 회사를 나가 대리점의 사장이 되어 자신은 물론 비타민하우스에도 이익을 안겨주는 든든한 동반자가 되었다.

사람들은 크게 두 부류로 나누어진다고 한다. 조직과 함께하는 생활에 만족하는 사람과 스스로 조직을 이끌고 싶어하는 사람. 김상국 사장은 이 두 부류의 사람 모두에게 희망을 주는 사장이 되고 싶었다. 그래서 회사 내에서 역량을 발휘하고 싶은 사람들에게는 안정을, 야망을 간직한 사람들에게는 기회를 제공하는 일을 행복하게 하고 있는 것이다.

비타민하우스

비타민하우스는 연령대별, 성별 요구량에 맞춘 맞춤형 종합비타민을 개발해 제품을 차별화했고, 유산균이 함유된 맛있는 츄어블 타입의 비타민C 제품과 씹어 먹는 종합비타민 시장을 개척했다. 전국 5,000여개 약국과 병원, 백화점, 홈쇼핑, 온라인 등에 자체 개발·제조한 700여가지 다양한 제품을 유통하고 있는 건강 기능 식품 전문 기업이다.

비타민하우스는 국내 최초로 가맹점 내 SHOP IN SHOP 매장과 상담 영양사 시스템을 도입해, 영양 불균형을 겪고 있는 고객들에게 식생활 지도와 영양 상담 서비스를 제공하면서 올바른 건강 기능 식품 섭취를 권장하고 있다.

2008년 약국 간판 교체 사업으로 가맹 약국을 건강 기능 식품 전문 약국으로 탈바꿈시켰으며, 2010년 월드컵 시즌에 '박지성 비타민'을 출시했고, 2010년 10월 청정도시 담양에 GMP인증을 받은 제조 공장 '네이처퓨어코리아(전. 비타민하우스알앤피㈜)'을 준공해 제조부터 유통까지 책임지고 있다. 2012년 대한상공회의소 주최, 한국유통대상 신업태부문 상공매경회장상 수상을 비롯해, 2013년에는 제 40회 상공의 날 지식경제부장관표창, 제2회 인구의 날 보건복지부 장관표창 등 정부 포상을 수상함으로써 더욱 입지를 견고히 하고 있다.

또한 최윤영과 박민하가 출연한 '우리가족 건강 플러스 비타민하우스 멀티비타민 웰플러스' 광고를 통해 비타민하우스를 대중화시켰다. 최대한 자연에 가까운 제품을 개발하기 위해 천연물 연구소를 설립하고, 오랜 연구 개발로 건강 기능 식품 업계를 선도하고 있다.

국내는 물론 중국, 필리핀, 싱가포르, 이란 등 해외 시장 진출을 통해 세계적인 건강 기능 식품으로의 도약을 준비 중이다.

1미크론의 오차도 허용하지 않는다

한복우

제너셈

용모를 단정히 하는 것과
정밀 작업을 하는 것은 직접적인 관계가 없다.
하지만 제 몸과 주변 하나
깔끔하게 유지 못하면서
0.8mm의 얇은 표면에 글자를 새기는
정밀한 작업을 한다는 것이
말이 안 된다고 그는 생각한다.
이것이 15년 넘게 지켜온 그만의 원칙이다.

사장이 섬세하면 구성원은 피곤해지고
고객은 편해진다.
하지만 그래야만 더 많은 이익이 생기게 되고,
그 이익을 공유하면
오히려 구성원들이 피곤해짐을
스스로 감내하려 할 것이다.

한복우 사장의 이력서는 달랑 두 줄로 정리가 된다. 반도체 장비 제조사 직원 14년, 반도체 장비 제조사 사장 16년. 대학 졸업 후부터 지금까지 30년 넘게 오로지 한길만을 걸어 온 그와의 인터뷰는 그의 성격만큼이나 깔끔하게 한 시간 반 만에 일찍 끝이 났다. 하지만 아쉬움보다 뿌듯함이 더 큰 시간이었다.

보통의 사장들이 가지고 있는 보편적인 생각과 조금 다른 내용들을 그와의 짧은 대화를 통해 들을 수 있었기 때문이다. 창업을 원하는 사람들에게는 대기업보다 중소기업에서의 경험이 더 유용하고, 사장은 회사 업무와 관련된 일을 집에 가서 가족에게도 시시콜콜 이야기하는 게 좋다는 한복우 사장. 그가 지니고 있는 독특한 경영 철학의 세계로 들어가보자.

사장이 되고 싶으면
중소기업에 가라

한복우 사장은 대학을 졸업하고 나서 스물여섯 살에 반도체 장비 제조 중소기업에 입사했다. 그의 임무는 반도체 장비 개발 및 설계. 하지만 그 일만 하지 않았다. 아니, 그 일만 할 수가 없었다. 회사의 인력이 충분하지 않았기에 수시로 여러 일을 맡을 수밖에 없었다.

장비를 개발해서 설계를 하고 나면 고객을 만나 영업하는 자리에 가서 영업을 지원하기도 하고, 납품 전 테스트 작업도 직접 해야 했으며, 때로는 납품 후에 장비의 유지와 보수를 책임지기도 하는 등 멀티플레이어가 되어야만 했다. 심지어 외국 바이어 영업 지원을 위해 영어 공부까지 해야 했다. 돌이켜보니 그 회사에서의 10년 경험이 훗날 제너셈을 창업하고 유지하는 데 정말 큰 도움이 되었음을 알게 되었다.

물론 대기업에서의 근무 경험이 나쁘다는 것이 아니다. 대기업 생활을 정리하고 창업하여 훌륭한 결과를 이끌어낸 기업인도 적지 않다. 다만, 대기업의 경우엔 워낙 규모가 크고 조직이 체계화되어 있다보니, 오랜 시간 근무해도 자기 분야 외에 다른 것들을 접해보기가 쉽지 않다. 한 분야의 전문가가 될 수 있다는 장점이 있지만, 특정 업무에만 한정되어 단편적일 수 있는 단점도 있다.

실제로 오랫동안 대기업에서 근무하다가 임원 심사에서 탈락한 후 회사를 나와 창업을 했다가 힘들어하는 경우를 종종 보게 된다. 바로 대기업이라는 특성 때문에 어쩔 수 없이 그 사람에게 배어버린 편협한 기술과 상식 때문일 것이다.

  한 사장은 중소기업 직원으로 출발했고, 원래 목표했던 것은 아니지만 창업의 기회가 생겼고, 중소기업에서의 다양한 경험을 바탕으로 노력한 결과, 이제는 중견기업이 된 그 기업과 어깨를 나란히 하는 경쟁 회사의 사장이 되었다.

  그와 아주 비슷한 길을 걷고 있는 후배도 있다. 바로 제너셈 창립 초기에 장비 설계 담당으로 입사했던 직원이다. 그 직원 역시 장비 설계는 물론, 조립, 영업 지원, 사후 관리 등 여러 업무를 동시에 해내면서 5년여간 회사를 위해 열심히 일했다. 그러던 어느 날, 한 사장을 찾아와 창업의 포부를 밝혔다.

  그때 한 사장은 훌륭한 직원 한 사람을 잃어야 하는 안타까움보다 몇 년 전 자신이 창업을 결심했을 때의 상황이 떠올라 후배의 도전을 진심으로 응원했다. 퇴사를 허락함은 물론 후배의 사업을 지원하기로 결정한 것이다. 제너셈 내에 한 공간을 후배에게 사무실로 내어주고 제너셈 일의 일부를 맡겼다. 2~3년간 안정적으로 사업의 첫발을 내디딘 후배는 그 후 독립하여, 현재 자동화 장비 제조사를 이끌고 있는, 사장이 되어 있다.

회사 일을
가족과 공유하라

한복우 사장은 꾸준히 자기 일을 성실히 해온 엔지니어였다. 우연한 기회에 사업을 시작하게 되었기 때문에, 제너셈의 초기에는 정말 여러 가지 어려움이 많았다.

그는 어떻게 해서든 적은 비용으로 좋은 품질의 장비를 생산하기 위해 최선의 노력을 다했다. 한 예로, 인건비 절약을 위해 전업주부였던 아내에게 경리를 맡게 했는데, 직원들의 반응은 의외였다.

'주부였던 사모님이 경리를 보면 회계 관리가 제대로 되겠느냐', '결국 사장님한테만 유리하게 운영되는 것 아니냐'

뿐만 아니라 '우리 회사는 그 흔한 사훈 하나 없냐', '우리의 비전은 뭐냐' 등과 같은 굳이 필요할까 생각했던 부분들에 대한 불만도 제기됐다. 회사라는 것이 열심히 해서 이윤을 남기고 직원들과 공유하면 되는 것 아닌가, 하고 단순하게 생각하고 있던 그의 머리가 복잡해졌다.

어느 날 저녁, 퇴근 후 아내와 아들 둘을 태우고 영종도 주변을 드라이브한 적이 있었다. 전에는 한번도 집에 와서 회사 얘기를 한 적이 없었는데, 그날은 무심코 옆자리에 앉아 있던 아내에게 말을 꺼내게 되었다.

"여보, 나는 도대체 왜 사업을 하고 있는 거지? 요즘 들어 좀 회의가 느껴지네. 잘 모르겠어!"

풀 죽은 목소리로 푸념처럼 던진 한 사장에게 답을 준 건 아내가 아닌 중학생 막내아들이었다.

"아빠, 잘 모르면 학교에 가서 배워야지."

아들의 순진한 대답에 순간 피식 웃으며 지나쳤지만, 다음 날부터 아들의 이야기가 자꾸만 떠오르기 시작했다.

"모르면 배워야지."

당시엔 그냥 웃으며 흘려보내버렸던 아들의 이야기가 한 사장의 혼란스러움을 해결해줄 열쇠가 된 것이다. 10년 넘게 한 분야의 엔지니어로 일하면서 기술에는 자신이 있었지만, 회사 경영에는 문외한이었던 그. 아들의 말대로 학교에서 공부를 하기로 결심했다. 그리고는 바로 경영학 석사 과정에 입문했고, 중간에 휴지기가 있었지만 결국 박사 과정까지 마치게 되었다. 그 과정에서 회사가 추구하는 가치와 비전 등을 명확히 확립할 수 있었고, 직원들과의 소통과 교감이 얼마나 중요한지를 깨달았다. 그때 얻었던 소중한 경험이 지금까지도 확고한 경영관과 철학으로 회사를 이끌어나갈 수 있는 기반이 되어주고 있다.

요즘도 한 사장은 가족들 앞에서 회사 이야기를 많이 꺼낸다. 가족들과 이야기를 나누다보면 회사 임직원들의 고정된 생각과는 다른 다양하고 순수한 이야기를 많이 들을 수 있기 때문이다. 그리고 반대로 회사 업무 때문에 소홀히 할 수 있는 가정과 가족의 이야기 또한 들을 수 있기 때문에 그에게는 일거양득인 셈이다.

보통의 사장은 식구들이 걱정할까 염려해 집에 가면 회사 이야기를 좀처럼 꺼내지 않는다. 하지만 그는 식구들 앞에서 회사를 이야기하고,

또 집 이야기를 듣는다.

한 사장의 머리카락이
짧은 이유

한복우 사장의 용모는 항상 단정하다. 군대 생활을 오래 한 것도 아닌데 헤어 스타일이 꼭 군인 같다. 가장 긴 머리카락의 길이가 5cm가 넘지 않고, 한 톨이라도 삐죽 튀어나오는 꼴을 보지 못한다. 넥타이 또한 삐뚤어지는 것을 허용하지 않는다. 본인의 용모뿐만 아니라 주변도 항상 깔끔하고 간결하게 유지한다. 서글서글한 인상과는 달리 심하게 정돈된 용모와 주변의 모습에 때론 너무 인간미 없는 차가운 사람이 아닌지 오해받는 경우가 있을 정도라고 한다.

한 사장은 직장 생활을 할 때부터 기업을 운영하고 있는 현재까지 항상 1미크론의 오차도 허용하지 않는 정밀한 작업을 해왔다.

물론 용모를 단정히 하는 것과 정밀 작업을 하는 것은 직접적인 관계가 없다. 하지만 제 몸과 주변 하나 깔끔하게 유지 못하면서 0.8mm의 얇은 표면에 글자를 새기는 정밀한 작업을 한다는 것이 말이 안된다고 그는 생각한다. 이것이 15년 넘게 지켜온 그만의 원칙이다.

나도 방송 생활을 한 지 20년이 넘어간다. 가장 많이 접하는 사람 중의 한 부류가 바로 헤어·메이크업 아티스트, 스타일리스트와 같은 뷰티 관련 종사자들이다. 돌이켜보면 본인의 스타일이 좋고 메이크업이 잘 되어 있는 사람들이 확실히 남을 아름답게 해주는 데 탁월했던 것 같다.

물론 자신을 가꾸는 것에는 소홀해도 남에게 만큼은, 주어진 일만큼은 최상의 결과를 이끌어내는 사람들도 적지는 않다. 하지만 이왕이면 기업의 얼굴인 자신의 용모에서부터 고객과 구성원들에게 신뢰를 준다면, 또 자신을 끊임없이 채찍질하는 과정을 통해 스스로 게을러지는 것을 방지할 수 있다면 노력할 필요가 있지 않겠는가.

버릴 땐 과감히
버려라

요즘 미니멀라이프가 인기다. 작은 것도 쉽게 버리지 말고 아끼고 살아야 함을 부모 세대로부터 교육받고 자란 우리 국민들의 정서에는 맞지 않아 보이지만 젊은이들과 일부 중·장년 세대 사이에서 유행처럼 번지고 있다. 그런데 한복우 사장은 아주 오래 전부터 간결한 삶을 추구하고 있었다. 1년 이상 쓰지 않은 물건들은 엄청난 추억이 담겨 있지 않는 한 버리는 것을 원칙으로 하고 있다. 이런 원칙을 세우게 된 데에는 과거에 겪어야 했던 아픈 상처도 한몫을 했다.

제너셈을 창립한 지 5~6년 정도 지났을 무렵이었다. 4분의 1씩 지분을 나누어 가지고 있던 창립 멤버 세 사람이 어느 날 갑자기 한 사장에게 대표직에서 물러날 것을 요구했다. 합하면 75%의 지분을 가진 세 사람이 이미 마음을 모아 철저히 준비를 한 후, 한 사장에게 명령하다시피 한 제안이었다. 억울하고 안타까운 마음에 뒤늦게 대응을 해보려 했지만 소용이 없었고 시간만 흘렀다. 결국 한 사장이 힘들게 키워온 회사로부터 쫓겨나다시피 떠나야만 했다.

하지만 한 사장은 절치부심으로 동종의 새로운 회사를 설립했고 단기간에 제너셈보다 매출이 높은 회사로 성장시켰다. 제너셈은 그가 그만둔 후 상황이 급격히 나빠져 시장에 매물로 나오게 되었고, 결국 한 사장은 제너셈의 지분을 다시 인수했다. 드라마 같은 경험을 하게 된 그는 커다란 깨달음을 얻게 되었다.

도저히 해결해낼 수 있는 방법이 없다고 판단될 때는 과감히 포기할 줄도 알아야 한다는 것. 오히려 빨리 판단하고 새출발하면 얼마든지 다시 일어설 수 있다는 확신을 갖게 된 것이다. 그리고 또 한 가지, 아무리 잘나가는 회사도 만약의 사태에 대한 철저한 대비 없이는 언제든 무너질 수 있다는 깨달음도 함께 얻었다.

가장 좋은 것은 철저한 사전 준비와 사후 대비로 사고 없이 일을 진행하는 것이지만, 사업도 사람이 하는 일이기에 뜻밖의 상황이 발생해서 중요한 결정을 해야 할 때는 과감함도 필요하다는 것이다.

만약 그때, 한 사장이 현실을 받아들이지 않고 무언가 조금이라도 건져보려는 자세로 그들에게 매달리고 싸우며 시간을 보냈더라면 지금의 제너셈은 존재하지 않았을 것이다.

사장이 섬세하면
직원은 피곤해지고
고객은 편해진다

제너셈은 2016년 하반기에 송도 신사옥으로 이전했다. 신사옥을 건축할 때, 설계의 일부를 한 사장이 직접 했다. 건물 내부의 조명, 나무 한 그루, 벽지 색깔 하나까지 모두 그의 손을 거쳐 결정되었다.

평소 고객사를 상대로 프리젠테이션 문서를 작성할 때는 글자의 크기와 높이를 일일이 체크하기도 한다. 사실 굳이 사장이 직접 체크하지 않아도 될 것 같은 일이라서, 한 사장의 이런 태도는 직원들에게 피곤함으로 다가갈 때가 많다. 하지만 그의 생각은 다르다.

"사장은 중요한 것과 중요하지 않은 것을 구분할 줄 아는 사람이어야 합니다. 중요한 것은 반드시 사장이 직접 점검해야 하며 그렇지 않은 것은 담당자에게 맡길 줄 알아야 합니다."

한 사장이 중요한 것인지 아닌지를 판단할 때 기준으로 삼는 것 중의 하나는 '그 일이 오래 갈 것인가'다. 신사옥을 지으면 최소 10년은 갈 것이기 때문에 이 일은 당연히 중요하고, 고객사를 상대로 설명하는 PPT 자료는 여러 기업들에게 보여줘야 하는 중요한 자료이기 때문에 세세한 것까지 체크해야 한다는 것이다. 그런 과정에서 겪게 되는 주변 사람들의 불편함을 모르는 것이 아니다. 하지만 이러한 원칙을 고수해야만 최상의 결과를 얻어낼 수 있다는 그의 확신에는 흔들림이 없다. 대신 이렇게 해서 얻은 이익은 반드시 힘들게 일한 구성원들과 이익이 생기도록 해준 고객들과 나누어야 한다는 원칙 또한 갖고 있다.

회사 창업 이후 지금까지 이익의 30%는 반드시 그 원칙에 의해 나누어왔다. 15%는 주주에게 배당하고, 13%는 구성원들에게 골고루 인센티브를 지급하고, 2%는 다양한 기부를 통해 고객에게 환원해왔다.

특히 업무 고강도를 감내하고 회사를 위해 애써주는 구성원들의 자기계발을 위한 투자는 아끼지 않고 있다. 장비 제조 기업의 특성상 대학 진학을 하지 않고 입사한 직원들이 적지 않다. 그래서 그러한 직원은 물론 그 자녀의 대학 교육비 전 과정의 50% 가량을 지원하고 있다.

사장이 섬세하면 구성원은 피곤해지고 고객은 편해진다. 그래야만 더 많은 이익이 생기게 되고, 그 이익을 공유하면 오히려 구성원들이 피곤해짐을 스스로 감내하려 할 것이다.

㈜제너셈

지난 2000년 창립하여 반도체 후공정에 다양한 자동화 장비를 제작·납품하는 ㈜제너셈은 현재 국내외 글로벌 기업 등 약 100여 개의 거래처 중 매출액 50% 이상을 해외로 수출하면서 국내뿐 아니라 해외에서도 기술력을 인정받고 있다.

특히, 최근 레이저 응용 기술과 vision 기술을 활용한 초정밀 기술로 EMI Shield line을 개발, 특허를 취득하여 해당 분야의 원천 기술을 보유한 세계 유일 기업으로 상용화에 이르면서 글로벌 반도체 시장에 선도적 역할을 하고 있다.

2016년에는 인천시 주안동에 위치한 사옥을 인천 송도로 신축 이전하여 한 단계 발전할 수 있는 원동력까지 갖추었다. 제너셈은 지속적인 신기술 개발과 연구 투자로 고객의 니즈에 맞는 새로운 시스템과 기술 개발에 집중하여 한 단계 높은 성장으로 기업 가치를 극대화하고 명실상부한 반도체장비 제조 시장의 글로벌 리더로서 발돋움하여, 반도체 장비의 글로벌 TOP 3 업체로 도약하고 있다.

나는
짬뽕보다
짜장이
좋다

이연복
목란

"음식은 결국 사람이다. 좋은 사람들과
기쁜 마음으로 만들어야 하고,
맛있게 나누면 더욱 좋은 일이다."

열여섯 살에 중국 음식점 배달부로 출발해서
대한민국 최고의 중식 전문가가 된 이연복 쉐프.
오늘 예약하면 한 달 반 후에야 먹을 수 있는 중식당
목란의 사장이기도 한 그의 이야기를 통해,
'창업' 하면 제일 먼저 식당을 떠올리는
대한민국의 예비 창업자들에게 희망을 전하기 위해
식당 3층에 위치한 사무실에서
브레이크 타임을 이용해 그를 만났다.

줄 서서 기다리던 사람들은
얼마나 맛있길래 그럴까 생각했지만
음식을 먹고 나오는 사람들은 한결같이
역시 기다릴 만하다고 말한다.
음식도 경영이라고 말하는 그의 얼굴에는
사람 좋은 미소가 가득하다.

나는 **짬뽕보다 짜장이 좋다**
이 연 복

한 요리 전문 프로그램에서 양파를 썰다가 손을 살짝 베여 피가 나자 진행자들이 이연복 쉐프에게 다급히 물었다.

"아이고…. 괜찮으세요, 쉐프님?"

오히려 이연복 쉐프는 진행자들에게 되물었다.

"혹시 담배 있어요?"

"네?"

"칼질을 하다 베였을 때, 담배 피워서 연기가 안 새어나오면 괜찮은 거예요. 이 정도면 괜찮아요."

재치 있는 대답으로 진행자들을 안심시킨 후, 반창고를 감고 요리를 이어가는 이연복 쉐프의 모습에 진행자도 시청자도 빠져들기 시작했다.

열여섯 살에 중국 음식점 배달부로 출발해서 대한민국 최고의 중식 전문가가 된 이연복 쉐프. 오늘 예약하면 한 달 반 후에야 먹을 수 있는 중식당 목란의 사장이기도 한 그의 이야기를 통해, '창업' 하면 제일 먼저 식당을 떠올리는 대한민국의 예비 창업자들에게 희망을 전하기 위해 식당 3층에 위치한 사무실에서 브레이크 타임을 이용해 그를 만났다. 경쾌한 그의 성격을 떠올리면 쉽게 예상이 안될 만큼의 진지한 인터뷰가 시종일관 진행되었다.

희망적인 이야기 못지않게 섣부른 창업을 말리는 경고에 가까운 이야기를 많이 들었다. 이연복 사장의 속마음을 자세히 들여다볼 수 있는 시간이었다.

음식도 **경영이다**

이연복 사장에게 식당 사장의 자질 중의 첫 번째는 무엇인지 물었다. 그는 숨도 쉬지 않고 대답했다.

"자기 집 음식을 잘 알아야죠."

주방장 출신이 사장을 하면 더할 나위 없이 좋고, 그렇지 않다면 주방장에게 음식 만드는 법을 배워서 사장이 알고 있어야 한다는 것이다. 어떤 재료가 들어가고 어떻게 만들어야 맛있어지는지 사장이 알고 있어야만 한다는 것. 만약 사장이 그렇지 못하면 음식도 잘하고 인성도 좋은 그야말로 괜찮은 주방장을 고용하면 되는데, 그것이 생각처럼 쉽지 않다는 것이다. 그리고 설사 괜찮은 주방장을 고용했다 하더라도, 언제든 그의 마음이 바뀔 수 있고 피치 못할 사정으로 갑자기 못 나올 수도 있기 때문에 사장이 음식에 대해 알고 있는 것이 정말 중요하다고 말한다.

이연복 사장이 젊은 시절 함께 일했던 선배 주방장 중에 괴팍한 사람이 있었다. 식당 사장은 전혀 음식에 대해 몰랐었기 때문에 선배 주방장에게 끌려가던 상황이었다. 잦은 의견 충돌로 주방장의 심기가 불편하던 어느 날, 요리를 많이 시켰던 한 테이블에서 볶음밥을 시키면서 하나를 두 개로 나누어 달라는 주문이 들어왔다. 그때, 선배 주방장이 홀 직원에게 했던 말을 이 사장은 지금도 잊을 수 없다고 한다.

"나누기 귀찮으니까 이리 오라고 해, 내가 반반씩 떠 먹여준다고."

물론 실력 좋고 인성 좋은 주방장을 고용해서 식당을 잘 이끌어가는 사장들도 많이 있지만 그럴 수 있는 확률이 그다지 높지 않다. 그렇기 때문에 사장이 음식에 대해 잘 모르고 시작했다 하더라도 최대한 빠른 시간 안에 배워서 주방장에게 휘둘리지 않는 사장이 되어야 한다는 것이다.

이 사장이 운영하고 있는 중식당 목란에는 하루에도 열두 번씩 체인점 문의와 사업 제안이 들어온다. 하지만 이 사장은 아직 그럴 생각이 없다. 목란의 다양한 메뉴들을 그가 아닌 다른 사람이 목란처럼 만들어내기가 쉽지 않다고 생각한다. 자칫 돈을 좇아 규모를 키우려다 본사도 가맹점도 동반 추락하는 경우를 적지 않게 봐왔기 때문이기도 하다.

〈냉부해〉 우승의 원동력
대만 대사관에서의 8년

　이연복 사장은 대한민국의 내로라하는 쉐프들의 요리 경쟁 프로그램 〈냉장고를 부탁해〉의 2014~2016년 총결산에서 최종 우승을 차지했다.

　〈냉장고를 부탁해〉는 평범한 상황에서의 요리 대결이 아니라, 연예인들의 평소 냉장고 안에 있는 재료들만 가지고 15분 안에 즉석에서 요리를 해내야 하는 독특한 콘셉트로 시청자들을 사로잡은 프로그램이다. 사전 계획도 연습도 없이 그야말로 즉흥적으로 요리의 방향을 정한 후 15분이라는 빠른 시간 안에 주어진 요리 과제를 끝내야 하는 것이다.

　따라서 아무리 요리를 잘하는 쉐프들이라 할지라도 의외의 상황이나 주제 앞에서는 당황할 수밖에 없다. 아니 어쩌면 당황하고 있을 시간조차 없는 긴박한 상황에 처하게 된다. 하지만 이 사장은 이런 상황을 무려 8년 동안 경험했다.

　이연복 사장은 대만 대사관에서 8년 동안 쉐프로 일했다. 그 당시, 매일 여섯 가지의 중식 요리와 밥, 디저트를 만들었다. 이 사장이 스물두 살이던 때부터 서른 살 때까지였다. 지금처럼 요리책이 많아 참고할 수 있는 자료가 많지도 않았고, 인터넷에 각종 레시피가 넘쳐나지도 않았던 때였으므로, 오로지 이 사장의 연구와 노력으로 매일매일 조금씩 다른 요리들을 만들어나가곤 했다. 8년을 매일같이 했으니, 그동안 안 해본 시도, 안 해본 중국요리가 있었겠는가? 그때의 경험이 〈냉부해〉에서의 다양한 위기 상황을 해결하는 데에 큰 도움이 되었고 결국 총결산

나는 짬뽕보다 짜장이 좋다
이 연 복

최종 우승의 영예까지 안겨다준 셈이다.

이 사장은 '쉐프는 자기만의 무기가 있어야 한다'고 믿는다. 한 식당에서 취급하는 메뉴가 열 개라면 적어도 그중의 하나는 그 집만의 독특한 요리가 있어야 한다는 것이다. 그것은 선배 요리사나 요리책이 알려줄 수 없고, 수많은 연구, 연습, 시행착오를 통해서만 얻어낼 수 있다.

이연복 사장 하면 떠오르는 최고의 요리 중에 탕수육이 있다. 일본에서의 식당 사업을 정리하고 한국으로 돌아와 본격적으로 중식당을 시작하게 되었을 때, 대표 메뉴 한 가지가 필요했다. 여러 날 고민하다가 탕수육으로 정했다. 일단 소스는 자신이 있었고, 튀김이 관건이었다. 최고의 식감을 유지할 비법을 찾기 시작한 것이다.

매일 밤 영업이 끝나고나면, 부드러우면서도 바삭한 식감을 만들기 위해 반죽에 이것저것을 첨가해보았다. 그러던 어느 날, 중국요리 중에서 반죽에 식용유를 넣어 만드는 새우 요리가 문득 떠올랐다. 별 생각 없이 식용유를 탕수육 반죽에 넣어보았다. 그렇게 했더니 식감이 좋아졌음은 물론, 전에는 대량으로 반죽을 해놓으면 금세 딱딱해져서 유지가 쉽지 않았는데, 반죽이 부드러운 상태에서 오래 유지됨을 알게 되었다. 다음 날 밤에도, 또 그 다음 날 밤에도 더 나은 반죽을 찾기 위해 노력을 거듭해서 결국 최적화된 배율을 찾아내는 데 성공했다.

그런데 여기서 누구나 가지게 되는 의문점이 하나 있다. 가뜩이나 느끼할 수 있는 튀김요리의 반죽에 식용유까지 넣으면 느끼함이 과하지 않을까 하는 것. 하지만 그 점은 실험 시작과 동시에 해결되었다. 기름에

튀겨지면서 자연스럽게 식용유가 빠져나가는 것이었다. 오히려 식용유가 빠져나간 자리에 공기층이 생겨 바삭함이 더 오래 지속되는 것이었다. 이렇게 하여 '이연복표 탕수육'이 탄생한 것이다.

이 사장의 연구는 아직도 끝나지 않았다. 요즘도 틈날 때마다 반죽 실험을 한다. 전분 비율을 이리저리 바꿔보고 새로 출시된 좋은 재료들을 첨가해보며 끊임없는 연구를 한다. 이 사장의 요리에 완성이란 없다. 변하는 소비자의 기호, 없었던 재료들의 출시에 맞추어 끊임없이 진화하는 것, 그것이 사람들이 그의 요리에 열광하는 이유다.

음식은 곧
사람이다

목란에는 20여 명의 직원이 있다. 그중엔 이연복 사장으로부터 요리를 배워볼 마음으로, '제2의 이연복'을 꿈꾸며 일하고 있는 직원도 꽤 될 것이다. 물론 시간이 흐르면 대부분 목란의 모든 메뉴를 만들어낼 수 있는 수준에 이르게 될 테지만 그 시간을 얼마나 단축하느냐, 그리고 이연복 사장의 개인 레슨을 얼마나 많이 받을 수 있느냐는 각자 하기 나름일 것이다.

목란에는 주방 직원들을 위한 요리 교육 시간이 따로 없다. 왠지 이연복 쉐프의 수업이 정기적으로 이루어질 것 같았던 나의 예상은 빗나갔다. 주방 초보의 경우 가장 아래 과정부터 단계를 밟아나가 일정 수준이 되면 적합한 파트를 정해주는 식이다.

중요한 점은 아무리 요리 감각이 뛰어나더라도 인성에 문제가 있다고 판단되면, 절대 목란의 식구로 맞이하지 않는다. 그가 처음 사장이 되었을 때부터 지금까지 계속 고수하고 있는 원칙이다.

그는 열여섯 살에 아버지의 지인이 운영하는 중국 음식점의 배달원으로 출발해서 스물두 살에 주한 대만 대사관의 쉐프로 들어가기 전까지 6년 동안 다양한 선배와 후배, 사장들을 경험했다. 모든 일이 다 그렇겠지만 특히 식당의 구성원들 사이에 문제가 있으면 식당이 엉망이 된다는 것을 그간의 경험을 통해 누구보다 잘 알고 있었다. 음식의 맛만큼이나 중요한 것이 구성원들의 인성이라고 믿고 있었다.

그리고 사장이 된 후에도 다양한 사람들을 만나면서 그 생각을 더욱 확고히 하게 되었다. 아무리 요리 감각이 뛰어난 직원이라 하더라도 기본 인성이 갖추어져 있지 않으면 자신의 목표를 달성하고 나서 언제든 예고 없이 떠나가는 경우를 종종 경험했다. 또한, 구성원들과의 소통에도 자주 문제가 생겨 손님이 계신 상황에서도 후배들의 꼬투리를 잡아 소리를 지르고 물건을 집어던지는 어이없는 상황을 적잖이 경험해 왔다.

음식에는 요리하는 사람의 마음과 기분이 담겨 있게 마련이다. 음식점은 공장에서 기계로 찍어 만들어 놓은 물건을 파는 곳이 아니다. 화기애애한 분위기에서 요리를 해도 음식의 맛이 있을까 말까인데, 그렇지 않은 분위기에서 손님들에게 서빙된 음식이 맛있을 리 없다. 그래서 이

사장은 따뜻한 마음, 화합하는 자세가 갖추어져 있지 않은 직원은 절대 용납하지 않는다.

직원들에게 웬만하면 화를 잘 내지 않는 이 사장이지만 절대로 그냥 넘어가지 않는 경우가 있다. 직급과 경험이 우월하다 해서 그렇지 않은 상대를 무시하는 경우를 발견하면 호되게 나무란다. 요리의 실수는 선배가 즉각 바로잡을 수 있고, 또 스스로 노력하면 단시간 안에 고쳐질 수도 있지만, 구성원 간의 불화는 쉽게 발견할 수 없어서 오래 지속되면 결국 음식의 맛과 손님에 대한 서비스에 악영향을 미치기 때문이다.

반대로 양파 빨리 써는 법 하나라도 더 가르쳐주고 싶은 직원도 있다. 탕수육을 만들 때 손에 묻어 있는 반죽을 양재기에 덜어내고 손을 씻는 직원, 주방 바닥에 떨어져 있는 쓰레기를 그냥 지나치지 않고 주워서 쓰레기통에 넣고 가는 직원.

몸담고 있는 업장을 자기 것처럼 생각하고 일하는 직원, 누군가는 해야 할 일을 자기가 먼저 하려 하는 직원. 자연스럽게 마음이 가는 직원들이다.

'음식은 결국 사람이다. 좋은 사람들과 기쁜 마음으로 만들어야 하고, 맛있게 나누면 더욱 좋은 일이다.'

이연복 사장의 음식과 사람에 대한 생각이다.

식당은
하지 마라

이연복 사장과의 인터뷰는 예상보다 좀 길어졌다. 마무리를 하기 위해 조심스럽게 던진 질문에 다시 그의 이야기가 시작되었다.

"냄새를 맡지 못한다는 게 사실인가요?"

"그럼, 오래됐지."

대만 대사관에서 근무하던 시절, 대만 대사 주치의로부터 축농증 수술을 받은 후부터 후각을 잃었다고 한다. 쉐프라는 직업에 있어서 후각은 정말 중요한데, 냄새를 맡을 수 없다는 것이 얼마나 큰 핸디캡이었을까. 그래서 그는 수없이 맛을 보며 연습을 했고, 웬만한 재료들은 예전에 냄새를 맡았던 기억을 되살려 요리를 하고 있다. 그러다보니 미각이 극도로 발달하여 후각의 부족함을 채울 정도에 이르렀다.

다만 요즘 들어 아쉬운 점이 있다면, 냄새를 맡아보지 못한 새로운 재료들이 너무 많이 나왔다는 것이다. 예를 들어 송로버섯, 다양한 허브들, 그리고 앞으로 또 등장하게 될 새로운 재료들. 하지만 냄새 대신 맛을 보며 요리에 적용할 것이기에 큰 걱정은 없다고 한다.

흔히 식당은 예비 창업자들에게는 가장 첫 번째 창업 아이템으로 거론되곤 한다. 성공한 식당 경영자인 그에게 수많은 사람들을 대신해 이 질문을 해보았다.

"식당 창업을 꿈꾸는 분들에게 꼭 해주고 싶은 이야기가 있나요?"

약간의 고민 후, 그의 입에서 나온 답은 의외였다.

"웬만하면 식당은 하지 않았으면 좋겠어요."

당황스러워하는 내게 그는 그냥 괜히 하는 농담 섞인 얘기가 아니라 진심임을 설명했다. 세상의 모든 일이 다 그렇겠지만 식당은 특히나 시작하기도, 유지하기도 어렵다. 사장이 할 일이 너무나 많다. 물론 요리를 잘하는 것이 가장 중요하겠지만, 그 외에도 식자재 관리, 직원 관리, 세금 문제 등, 챙겨야 할 것이 너무도 많다. 이 사장에게는 다행히도 적극적이면서 꼼꼼한 성격의 아내가 늘 함께했다.

"아내 없이 저 혼자서는 절대 못했을 거예요."

힘들었던 과거를 회상하는 그에게 앞으로의 꿈에 관한 질문도 던졌다.

"저 없이도 목란이 잘 돌아가게 되면 모든 것을 내려놓고 아내와 함께 여행을 다니는 거예요."

대한민국 최고의 쉐프로 꼽히는 그였기에 '세계 진출'과 같은 거창한 미래를 계획하고 있을 줄 알았지만 그의 꿈은 아내와 함께하는 휴식이었다.

나는 짬뽕보다 짜장이 좋다
이 연 복

과거에, 그리고 지금도 얼마나 힘들게 식당을 이끌어가고 있는지 조금은 짐작할 수 있었던 대답이었다. '식당은 힘들다'는 이야기를 너무도 오래 한 탓에 나는 분위기를 바꿔보려 했다.

"쉐프님은 짜장이 좋으세요, 짬뽕이 좋으세요?"

조금은 엉뚱한 나의 질문에 이 사장은 숨도 쉬지 않고 답을 했다.

"짜장!"

이유는 간단했다. 짜장은 짬뽕처럼 뜨겁지 않아서 빨리 먹을 수 있으니까. 굳이 다음 설명을 듣지 않아도 그가 그동안 걸어온 식당 사장으로서의 길이 얼마나 바빴으며, 밥 먹는 시간까지 아껴가며 지금까지 얼마나 노력했을까 하는 생각이 들었다.

"아, 왜 그러신지 알 것 같아요. 짜장은 짬뽕보다 빨리 드실 수 있어서 그렇죠?"

이제야 이 사장을 조금 알 것 같다는 듯, 자신 있게 말을 건넨 내게 그는 좀 더 설명을 해주었다.

"그렇지. 너무 바빠서 심지어 짜장을 볶으면서 먹은 적도 있어요. 그리고 먹는 것뿐만 아니라 만들 때에도 짬뽕은 짜장보다 훨씬 오래 걸려요. 먹을 때나 만들 때나 난 짜장이 좋아요. 그렇다고 짬뽕을 못 만들지는 않아요. 하하."

분위기를 바꿔보려 던졌던 질문에 대한 답변도 결국은 '식당은 힘들다'로 귀결되었다. 그리고 한동안 비슷한 이야기가 더 이어졌다. 절대 해서는 안될 이야기 중의 하나가 "정 안되면 나중에 식당이나 하지 뭐!",

"목 좋은 곳에 식당 차리면 기본 이상은 한다."라는 말이라는 것이다.

시간이 흐를수록 점점 굳어지는 내 표정을 보고 이연복 사장이 드디어 식당과 관련된 긍정적인 한마디를 건넸다.

"그런데 정말 열심히 준비하고 성실히 운영하면 또 괜찮은 결과가 나올 수 있는 것이 식당이기도 해요."

마지막으로 식당 사장의 꿈을 꾸고 있는 이들에게 두 가지만 전하고 싶다고 했다.

첫째는 최소 3년 이상의 제대로 된 경험이 있어야 한다는 것. 작든 크든 식당의 모든 것을 경험할 수 있는 3년 이상의 시간이 반드시 필요하다는 것이다. 앞서 언급했듯 요리는 기본이요, 직원 관리, 식자재 관리, 세금 문제, 홍보 방법 등의 자질을 갖추어 식당을 제대로 경영하기 위한 최소한의 시간, 3년을 강조했다. 참고로 이연복 사장의 경우, 자신의 식당을 제대로 열기까지 20년이라는 시간을 투자했다. 배달원으로 시작해서 메인 쉐프를 거쳐 사장이 되기까지 20년이 걸린 것이다.

둘째는 짜장만 세 끼 먹고도 견딜 각오가 되어 있어야 한다는 것이다. 아무리 준비를 잘했다 하더라도 새로운 식당이 자리를 제대로 잡으려면 1년 이상의 시간이 걸린다. 그 기간 동안에는 제대로 먹지도 쉬지도 못하며, 정말 치열하게 일하지 않으면 절대 성공할 수 없기에 단단히 마음을 먹어야 한다는 것이다.

나는 짬뽕보다 짜장이 좋다
이 연 복

식당 창업. 정말 보통 일이 아닌 것 같다. 최고의 쉐프가 된 이연복 사장이 말했던 앞으로의 꿈 이야기가 아직도 귓가에 아른거린다.

"언젠가는 모든 걸 내려놓고, 아내와 함께 여행을 다니고 싶어요."

목란

대한민국 최고의 쉐프 이연복의 목란은 최소한 1~2개월 전에 예약을 해야 갈 수 있는 식당으로 알려져 있다. 이연복 쉐프의 명성이나 최고의 중식당이라는 소문에 비해 적절한 가격대와 가정집을 개조한 외관으로 부담 없이 편안하게 식사할 수 있는 일반적인 중식당으로 다가온다. 그래서인지 예약의 불편함에도 불구하고 한번 찾아간 고객들의 만족도가 높아 식사 후 다음 방문을 예약하고 재방문하는 경우가 많다.

이곳은 탕수육, 동파육, 만보샤 이 세 가지 요리가 가장 대표적으로 알려져 있다. 특히 만보샤는 이연복 쉐프가 올리브TV에 선보인 이후 화제를 모으며, 예약시 미리 주문을 해야 맛볼 수 있다. 식빵 사이에 새우를 넣어 튀긴 것으로 느끼할 것 같지만, 그 맛의 중독성이 먹어본 사람들 사이에서 매우 화제다.

예약받는 날짜와 시간도 정해져 있으며, 월요일은 휴무고 브레이크 타임도 있으니, 확인하고 이용하는 편이 좋다.

- ◆ 예약 받는 날짜
  매월 1일~15일 ▶ 다음달 1일~15일까지의 날짜 중 예약 가능
  매월 16일~말일 ▶ 다음달 16일~말일까지의 날짜 중 예약 가능

- ◆ 전화 예약: 02-732-1245, 02-732-0054
  오전 10시 30분~오후3시 & 오후 5시~9시
  (1일, 16일 예약 시작일은 오전 10시 30분~오후 2시, 오후 5시~9시)

- ◆ 현장 방문 예약: 오후 2시~3시, 저녁 8시~9시

에필로그

쉽지 않은 길을 선택한 당신의 용기에 파이팅!

열다섯 명의 사장들과의 대화에서 나온 공통적인 얘기가 한 가지 있다. 사장은 참 고통스러운 자리라는 것.

집에는 몇 달 동안 한 푼도 가져다주지 못할지언정 직원들의 급여만큼은 밀리지 않으려고 노력해야 하는 고통, 이익이 생기면 자동차를 고급으로 바꾸는 것이 아니라 신제품 개발 생각을 먼저 해야 하는 고통, 사장 본인이 가장 힘들지만 직원들 앞에서는 안 힘든 척 웃어야 하는 고통, 더 이상 견딜 수 없어 회사의 문을 닫으면서도 어떻게든 직원들의 퇴직금은 챙겨야 하는 고통.

그런 고통을 이겨내야 하는 것이 사장의 몫이라고 생각하고, 앞으로 또 그보다 더한 고통이 다가온다 해도 역시 그것을 이겨내기 위해 최선을 다하는 것이 사장의 임무라고 생각하는 사람들이었다. 그 고통을 기꺼이 감당하고 버티게 하고 극복할 수 있게 만드는 원동력은 무엇일까. 그것은 자신에 대한 믿음, 가족과 같은 직원들에 대한 사랑, 그리고 회사에 대한 비전이었다.

작든 크든 내가 책임을 져야 하는 일에 위기란 닥쳐오기 마련이다. 그 위기 앞에서는 아무리 강한 사람이라도 힘들고 좌절하고 놓아버리고 싶은 마음이 들게 마련이다. 내가 만난 열다섯 명의 그들 모두 각기 다른 고통을 경험했던 사람들이었다.

　하지만 내가 이 책을 통해 바라는 것은 '사장이니까 고통을 참아야 한다'는 것이 절대 아니다. 고통스런 순간을 맞이하지 않도록 철저히 준비하고 노력하는 사장이 되자는 것이다. 아무리 열심히 준비해도 위기는 언제든 닥칠 수 있는 법. 그때는 쉽게 쓰러지지 않고 견뎌내서 더욱 단단한 사장으로 거듭나자는 것이다.

　바야흐로 4차 산업혁명의 시대다. 세월이 흐를수록 '사장하기'는 더욱 쉽지 않을 것 같다. 그렇다고 사장의 수가 줄어들 것 같지도 않다. 대한민국에 훌륭하게 사장하는 사람들이 많아지기를 진심으로 바라며 한 장 한 장 채워나갔다.

　과거에 사장했던 분들, 지금 사장하고 있는 분들 덕에 대한민국 경제가 유지되어오고 있다. 진심으로 감사하다. 그리고 앞으로 사장할 분들께 전하고 싶다. '사장하자'고.

"쉽지 않은 길을 선택하신 용기에 박수를 보냅니다. 당신들의 어깨에 대한민국 경제의 미래가 달려 있습니다. 파이팅!"

2017년 4월

서경석

사장하자

2017년 4월 15일 초판 1쇄 발행
2017년 12월 15일 초판 4쇄 발행

지은이 • 서경석
펴낸이 • 이동은

편집 • 박현주

펴낸곳 • 버튼북스
출판등록 • 2015년 5월 28일(제2015-000040호)

주소 • 서울시 동작구 현충로 151, 109-201
전화 • 02-6052-2144 팩스 • 02-6082-2144

© 서경석, 2017
ISBN 979-11-87320-10-4 13320

본서의 내용을 무단 복제하는 것은 저작권법에 의해 금지되어 있습니다.
파본이나 잘못된 책은 구입하신 서점에서 교환해 드립니다.